本书出版得到文化名家暨"四个一批"人才项目、浙江省"万人计划"人文社科领军人才项目、浙江大学一流骨干基础学科建设计划、杭州市上城区政府的资助

《中国城市街道与居民委员会档案史料选编》编委会

主　任　马丽华　李　敏

编　委（按汉语拼音排序）

　　　　陈　军　陈　蕾　封晓怡　傅灵杭　哈　雪　胡　俊

　　　　李　敏　马丽华　毛　丹　茅佳敏　裘晓玲　任　强

　　　　王曼莉　袁　凯　赵　林　周　冰　周　涛

中国城市街道与居民委员会

档案史料选编

（第三册）

1955—1957

毛　丹◎主编

陈　军　任　强　哈　雪◎副主编

ZHEJIANG UNIVERSITY PRESS
浙江大学出版社

主编单位

中国社区建设展示中心

中国社区建设展示中心是民政部批准建立，集史料陈列、文物展示、理论研究、文献收藏、社区实务于一体的社区建设专题类展览馆。建成于 2009 年 12 月 21 日，经过 10 年发展，中国社区建设展示中心已发展成为中国社区建设的历史课堂、研究基地、实践样板和对外窗口。中国社区建设展示中心由基层组织历史厅、社区建设发展厅、社区治理成果厅、"左邻右舍"社区治理创新园等展馆组成，全方位展示了我国社区建设的历史演进、发展现状和地方经验。

民政部—浙江大学全国民政政策理论研究基地

民政部—浙江大学全国民政政策理论研究基地以浙江大学城乡社区研究团队为基础，在民政部政策研究中心、基层政权与社区建设司以及浙江省民政厅的指导帮助下，致力于农村社区建设与乡村振兴研究、城市社区建设与城市社会治理体系研究、地名文化研究。基地秉承"服务浙江、辐射全国"的发展理念，关注浙江及全国其他地方的城乡社区、社会治理重大理论与实践问题，形成了一批立足于实践发展的民政政策与理论成果。

丛书说明

20 世纪 50 年代初以来,我国的街道和居民委员会(以下简称居委会)长期承担基层管理和组织城市基层社会的功能,形成了我国独特的城市社会样态。居委会与基层社会是理解中国社会不可或缺的视窗。改革开放后,社区建设与基层社会治理的重要性日渐突出,居委会、社区、基层社会的性质与功能、理论与实践都经历了更为复杂的变迁。系统整理、研究居委会与城市基层社会的历史档案资料,对于理解我国基层社会的变迁,研究其发展方向,提升社区治理现代化水平,当有独特的价值。

民政部—浙江大学全国民政政策理论研究基地与中国社区建设展示中心自 2010 年开始酝酿本丛书。近十年来,在民政部支持下,我们以 1949 年至 2000 年为时限,征集、收集了有关街道和居委会工作的档案资料,包括中央和地方的重要政策文件、工作报告、工作记录以及一部分重要的报刊资料等 1000 多种。现在,我们从中选择部分档案资料汇编成第一辑共 10 册。这里对收录的内容作几点说明:

1.《中国城市街道与居民委员会档案史料选编》系自中华人民共和国成立以来首次对全国范围内城市街道与居委会档案史料进行整理和编选,由民政部—浙江大学全国民政政策理论研究基地和中国社区建设展示中心合作完成。

2. 主要依据文献的学术研究价值和实践意义进行筛选,收录发布时间最早及内容最完善的资料,文献内容包括但不限于城市和街道居委会的设立过程、制度建设、组织完善及各项具体工作的计划和成果报告,以及相关报道和研究。

3. 编印按照原件发表时间排序,时限为 1949 年至 2000 年,1949 年前的相关资料收录于附录中。个别年份(1967 年至 1970 年,1974 年)因档案未解密或搜集到的资料质量不佳等原因未予收录。

4. 早期城市街道和居民委员会工作人员提交的部分报告和工作记录中存在较多明显的别字和语病,为方便读者阅读,编者在不改变原义的前提下进行了校订,文中不再一一指出。对文中出现的方言、惯用语和生僻词等,则以脚注形式进行说明。

5. 由于档案文献有政策文件、工作报告、新闻报道、期刊论文等多种形式,标题格式不一,为便于读者检索,编者重拟了部分档案文献的标题,并将原标题列于脚注中。丛书按通行的书籍格式横版排编,资料来源加"【】"标注;无法辨析的文字,用"□"标注。

6. 档案原件主要来源于中央及各地方的档案馆、各地民政相关部门,少量来自政府工作网站。所用资料均经过核实,资料的出处标于篇末。

7. 为科学客观反映我国基层社会变迁,编者保留档案文献中反映各时期政治过程在基层社会影响的内容,希望读者正确鉴别。

《中国城市街道与居民委员会档案史料选编》编委会

2019 年 6 月

目　　录

1955

1995

全国人民代表大会常委会
第四次会议通过城市居民委员会等组织条例

全国人民代表大会常务委员会在 12 月 31 日举行第四次会议。

会议讨论和通过了《城市居民委员会组织条例》《城市街道办事处组织条例》和《公安派出所组织条例》。

在讨论《城市居民委员会组织条例》和《城市街道办事处组织条例》时,会议听了内务部部长谢觉哉关于这两个条例的说明。谢觉哉在说明中指出:几年来,各个城市的街道居民组织,在协助政府组织和教育城市街道居民,贯彻法律、法令和政策,开展各项社会改革运动,办理居民公共福利事项等方面,都发挥了很大的作用,街道居民组织形式也有了许多新的创造,并积累了比较丰富的工作经验。谢觉哉说:居民委员会和街道办事处这两种组织,最先是在上海和天津等城市建立的。由于它适合城市街道居民工作的特点,近两年已在全国六十多个城市推行起来。各城市的工作实践都证明:今后随着城市建设的飞跃发展,市、区人民委员会在社会主义建设和社会主义改造方面的任务日益繁重,城市居民的福利要求也不断增长;因此,进一步整顿和健全街道居民组织,把街道居民工作很好地担当起来,从而使市、区人民委员会得以集中主要力量于许多重大建设方面,是非常必要的。谢觉哉接着就居民委员会的性质、任务、组织和经费问题以及街道办事处的设置和它的重要性作了具体说明。

会议在讨论《公安派出所组织条例》时,听了公安部部长罗瑞卿关于这个条例的说明。罗瑞卿在说明中谈到公安派出所这一组织的性质时说:公安派出所是市、县公安局的派出机关。各地公安派出所几年来在上级机关的领导下,依靠人民群众的支持,做了很多工作,起了很好的作用。今后为了进一步加强治安工作,保障人民民主权利,还需继续发挥它的作用。关于公安派出所的职权,罗瑞卿说:条例中一共规定了十项,这十项规定明确了它的主要任务就是,依据人民民主专政的原则,依照法律做好治安管理工作,保障人民民主权利。只有很好地执行这些任务,才能发挥它应有的作用。罗瑞卿最后说:关于公安派出所的工作作风和工作方法,在条例(草案)中也作了基本规定。主要是两项:一是按照国家的法律办事,一是依靠人民群众的支持。遵守法律和依靠群众,就是公安派出所做好工作的保证。

会议最后通过了任免事项多起。

【选自《人民日报》1955 年 1 月 1 日】

各地试建的街道办事处和居民委员会
进一步密切了政府和平民的联系

全国有很多城市建了街道办事处和居民委员会。这些街道建立后，进一步密切了政府和人民的联系。

根据北京、天津、上海、沈阳等 72 个城市的统计，共建立了 834 个街道办事处和 7678 个居民委员会。从这些城市街道组织的工作情况来看，街道组织对便利群众反映意见和及时为群众解决问题，以及正确贯彻政府的政策等方面，都发挥了很大作用。重庆市一区北境庙街道办事处布置救济工作时，自上而下地交代政策，并按责任区分别深入督促检查，因而群众在评议救济金时也能认真负责，有六个过去受救济的贫民自己提出克服困难，不要救济。由于宣传了政策，许多人克服了依赖政府救济的思想，不应救济而救济的现象减少了，这就使办事处从以前每月发救济金 1200 万元逐渐减少到十一月的 300 多万元。成都市东城区 1953 年收入公产租金仅为预定计划的 38.8%，街道办事处建立起来后，由于了解和掌握实际情况，月月都超额完成了任务，增加了国家收入。街道办事处分担了区人民政府的一些行政事务，使区政府的工作也相应加强了。天津市第六区南楼街道办事处，在今年第一季度内就协助市、区各部门进行了 28 项工作。

各地建立的居民委员会在满足居民生产、学习和生活等要求方面，如解决居民用水、用电的困难，调解居民的纠纷，发动居民开展公共卫生工作，组织居民办识字班、读报组、托儿站等，都起了很好的作用。福州鼓西居民委员会三年来调解了居民中的婚姻、债务、房屋等纠纷 990 多件，使街道中出现了团结互助的新气象。由于居民委员会的委员都是由居民自己选举出来的受居民爱戴的人物，他们宣传政策法令便很容易为群众所接受。天津市在粮食和食油计划供应中，西安市在棉布统销工作中，都由于居民委员会在群众中进行了深入的宣传解释，保证了计划供应工作顺利推行。天津、唐山、旅大①、鞍山等工

---

① 旅大：旧行政区划名，指旅顺、大连。——编者注

业城市的居民委员会,还注意加强对职工家属的工作,动员职工家属保证职工出勤率,鼓励职工参加劳动竞赛等,效果都很好。

　　城市街道办事处和城市居民委员会建立了的地区,都简化了街道组织,减少了街道干部过多的兼职;同时并统一了街道工作,凡市、区各部门需要通过街道组织协助进行的工作,都由区来审查,分别轻重缓急统一向街道办事处布置,克服了某些混乱现象。城市居民说,这两个街道组织有"三便":政府为群众办事方便,群众反映意见方便,积极分子工作方便。

　　　　　　　　　　【选自《新华社新闻稿》1955年1月1日 第1678期】

沈阳市南市区在南三经路街试建了
街道办事处和居民委员会

　　沈阳市南市区南三经路街试行建立了街道办事处和居民委员会后,统一了街道组织,加强了街道居民工作。

　　在建立街道办事处和居民委员会以前,区人民政府只派有两名干部担负这个街的全部工作,工作中的困难很多,街道的组织也很混乱,经常性的和临时性的委员会或小组多至 32 个,个别性的和临时性的委员会或小组多至 32 个,个别街道积极分子身兼 17 职,工作忙不过来。去年四月,南市区人民政府根据上级的指示,在南三经路街建立了自己的派出机关——街道办事处,全街居民也分别建立了居民委员会,居民委员会下设居民小组,统一了街道组织。居民委员会委员按工作分工,按地区分片负责,工作分量不重,和群众的联系比较密切。

　　街道办事处成立后,开办短期学习训练班,由市、区各部门负责干部分别讲解有关民政、卫生、调解等具体政策。居民委员会的委员们经过学习后,懂得了政策,也学到了好的工作方法。八个月来,政府布置到街道的各项工作,经过居民的认真讨论,进行得很顺利。去年春、夏、秋爱国卫生运动中,全街整修了 15 条明水沟和 200 多个厕所。各居民委员会建立了卫生检查制度,居民们坚持了定时分段分片清扫制度。全街成立了一个军属制纸品加工组和两个居民临时加工组,按居民的特点,以分散作业的方法,组织了 68 名居民进行糊纸盒、纸袋等副业生产。参加副业生产的居民每月可收入 12 万元左右;过去经常依靠政府救济的居民,自从参加副业生产后,不再要政府的救济了。

　　各居民委员会的委员们经常深入居民了解情况,及时为居民解决困难。几个月来,全街各居民委员会共给居民调解了 147 件各种纠纷,使争执双方都很满意。去年夏季雨水连绵时,第三十二居民组梅邱氏等四家的房子有倒塌危险,居民委员会及时动员居民帮助他们另找到住房,得到妥善安置。第三十四居民组孕妇褚相福的丈夫在外地工作,她临产时,居民委员会立刻把她送到医院。居民们反映:过去有事就得到区上去办,现在出门就可以解决,居民委员会真解决问题。

【选自《新华社新闻稿》1955 年 1 月 1 日 第 1678 期】

改进城市基层政权工作的重要措施

《城市街道办事处组织条例》《城市居民委员会组织条例》和《公安派出所组织条例》已经颁布实施了。这将进一步改进城市基层政权的工作,对于加强城市治安工作,密切政府和人民群众的联系,深入贯彻政策法令以及在满足居民日益增长的福利要求等方面,都有着十分重大的意义。

几年来,随着经济建设的发展,城市的面貌发生了重大的变化:消费城市逐渐成为生产城市,新的工业城市成长起来,城市里工业的发展在我国社会主义建设事业中日益形成强大的推动力。城市人口也在急骤地增加着。全国各城市常住人口,1953 年比 1950 年增加了 40%以上。城市建设的发展和人口的增加,带来了城市工作的复杂性。敌人为了阻挠我们的社会主义建设,也极力要破坏我国城市各种建设事业和社会秩序。残余的和漏网的反革命分子,一些坚决抗拒改造的不法资本家,和一些拒绝改造的地痞流氓和盗匪,在城市里往往和敌人的特务相勾结,加紧其破坏活动。因此,我们必须更加加强城市治安工作,必须更加有力地镇压一切反革命活动,更加有效地同各种犯罪活动进行斗争,以确保国家社会主义建设能够在完全安定的有秩序的社会环境中顺利进行。

但是,过去一个时期,由于城市公安派出所兼办一部分民政工作,不能很好地集中全部力量来维护社会治安,而公安派出所又因为本身职务关系,不可能用很大力量来系统地研究和了解民政工作方面的政策、情况和问题,也影响到民政工作的开展。

《公安派出所组织条例》的颁布和实施,将要从根本上改善这一状况。公安派出所在解除原来兼管的民政工作之后,不仅能够把全部力量用来对付特务分子、流氓盗匪分子和其他破坏分子,加强对他们的打击和管制,有力地保障社会治安和公共秩序,保障国家法律和法令的贯彻实施,保障公共财产不被盗窃和破坏,保障公民权利不受伤害;并且也有可能进行系统的社会调查,使城市公安工作更加主动和更有计划。公安派出所对于群众性的防特、防匪、防盗、防灾等活动,也将有可能加强领导,发挥更大的作用。同时,按照《公安派出所组织条例》的规定,人民群众就有所依据来监督公安派出所的工作人员。

这些基层的公安干部和他们的工作,放在广大人民群众的监督下面。这些都是国家进行大规模经济建设所必需的,这些都将为社会主义工业化和社会主义改造事业创造有利条件。

国家进入社会主义建设时期,城市基层政权的任务日加繁重。随着城市各项建设事业的迅速发展,城市居民的各种社会福利、优抚、治安保卫、文教卫生、调解、妇女等方面的工作,经常不断地出现新的情况和新的问题。这些方面的工作做好了,不仅便利人民的日常生活,而且能够直接配合和支援社会主义建设。这就要求城市基层政权进一步加强自己和人民群众的联系,广泛地吸收群众参加国家的管理工作,以便能够随时了解情况,依靠群众妥善地解决问题,更好地为经济建设服务。

过去一般城市特别是大城市的基层国家行政机关组织不够健全,在街道中没有自己的派出机关,因而在贯彻政策法令,在联系人民群众,在接受人民群众的监督等方面,都十分不便,妨碍着工作的深入开展。因为城市基层国家行政机关在街道中没有自己的派出机关,一部分民政工作不得不交由公安派出所兼管,而在工矿地区,一部分民政工作则由工矿行政部门或工会组织办理。这样做的结果是工作步调和方法就无法取得一致,工作效率不高,而且由于工矿行政部门和工会组织承担了民政事务,分散了领导生产的力量。这种情况当然是应该加以改变的。

街道办事处是城市人民政府的派出机关,它的任务是办理市人民政府有关居民工作的交办事项,指导居民委员会的工作,反映居民的意见和要求。许多城市建立街道办事处的经验证明,街道办事处能够大大加强基层国家行政机关的工作,它是国家大规模经济建设时期的一种必要的组织形式。街道办事处的设立,使市人民政府把原来分散由公安派出所和工矿行政机关办理的各种事项统一掌握起来,从而能有系统地进行工作,能够按照经济建设的需要,分别各种任务的轻重缓急,进行统一的布置、研究,并检查工作的进行情况。市人民政府在街道中有了自己的派出机构,就在更加广泛的范围内密切了政府和人民群众的联系,就能够随时听取群众的意见和要求,便于发动和组织群众贯彻政策和法律。街道办事处承担了若干直接关系于人民群众的日常行政事务,如办理婚姻登记、发给各种证明文件等工作。这就减轻了市人民政府繁重的事务性的负担,就使市人民政府能够集中力量在社会主义工业化和社会主义改造事业方面做更多的工作。

加强城市基层政权工作,必须依靠广大群众的积极支持,必须把城市居民更好地组织起来,使居民群众在这些工作中发挥更大的作用。但城市街道居民中间,长时期以来都没有统一的健全的组织。有些城市,每一公安派出所辖区范围内,设有一二名群众中产生的治安委员和卫生委员,领导居民这方面的日常工作,而居民中的其他群众组织也很多,它们分别和市级各部门各系统有着联系。市级各部门各系统可以向这些组织直接布置工作,要求居民为它们完成各项"紧急任务"。这样就造成街道居民工作中的多头指挥、组织混乱和工作忙乱的现象。基层国家行政机关不仅很难对这些组织实行领导,有效地开展工作,而且街道中的积极分子,也往往因为兼职多、会议多,而妨害自己的生产、生活和健康,妨害他们参加居民工作的积极性的提高。

在城市中建立居民委员会,是改变这种混乱状况和改进街道居民工作的有效措施。居民委员会的建立,使原来的居民群众组织而统一起来。在已经建立居民委员会的城市,居民中许多重叠繁杂的组织,经过简化、合并或撤销,所有居民委员会委员,大多数只任一职,每一个委员就可能集中力量做好自己的工作。这样,一方面既便于街道办事处领导街道居民的工作,通过居民委员会来发动群众和组织群众,完成各项工作任务;另一方面使居民委员会也有条件来考虑和举办居民的公共福利事业。居民委员会因为所辖范围很小,就容易了解各户的情况和问题,容易了解居民的需求,并按照"大家的事情大家办"的原则,组织居民共同解决居民在生活、生产和学习的各方面问题,为居民谋福利。在建立居民委员会的城市,这些工作多半都由居民用自己的力量加以解决,有的则在政府支持下得到解决。这些问题的解决,不仅直接满足了居民的需要,同时也有助于社会主义建设事业的进行。

为了使城市基层政权有效地为经济建设服务,近两年来,全国有 70 个以上的城市试行建立了街道办事处和居民委员会的组织,加强了公安派出所的工作。事实证明,实行这些措施在各方面都大大便利了人民群众,促进了社会主义的各项建设工作。因此,各城市党政领导机关都必须充分重视这些工作,并在今后按照已经颁布的三个组织条例的规定积极着手建立组织,开展工作。已经建立街道办事处和居民委员会的城市,更应该按照组织条例的规定,检查过去的工作,进一步改进今后的工作。

【选自《人民日报》社论 1955 年 1 月 2 日】

加强城市居民的组织工作

全国人民代表大会常务委员会第四次会议通过了《城市居民委员会组织条例》《城市街道办事处组织条例》和《公安派出所组织条例》。这三个条例已经中华人民共和国主席公布。这三个条例的颁布和贯彻，无疑地将会进一步密切政府和居民的联系，加强城市基层政权工作和治安工作，发挥居民群众对集体事业的主动性、积极性。

成立居民委员会有这样几个好处：首先，简化了街道组织，减轻了积极分子的负担，便于政府政策的贯彻。过去，城市中市、区以下的行政机构和居民群众性组织问题，由于在组织上长期没有得到合适的解决，而市、区的工作任务又繁重，在这种情况下，市、区各单位为了在群众中找工作助手，都曾先后在街道中建立了认为属于自己领导下的群众性组织。这些群众性的组织，几年来，在各项工作中，的确起了很大的作用。但由于没有统一的领导、工作不分轻重缓急，没有中心，因此形成了"五多"的忙乱现象，使积极分子感到负担过重。但在试行的地区，由于在成立居民委员会的过程中，将性质重复或已失掉作用的组织予以撤销或合并，这样，克服了多头领导和忙乱现象，工作都能按部就班地顺利完成。其次，居民委员会在满足居民生产、生活、学习、办理有关居民的公共福利方面，也起着很大的作用。第三，居民委员会在发动居民响应政府号召，遵守政府法律、法令方面，也获得了显著成效。此外，拥军优属、社会救济、社会治安保卫、调解居民间的纠纷等工作方面都表现了它的积极作用。

同样，在有些城市试行成立街道办事处后，工作中也出现了新的气象。因为它分担了市、区的部分行政工作，减轻了区的工作负担，使区能加强力量于其他重要工作；另一方面能根据就近了解的实际情况，在可能条件下迅速解决群众的问题。有些试办的地区，由于实行了层层控制、统一掌握、统一安排工作的办法，即凡是市、区各部门需要通过街道组织协助的工作，均由市或区审查，根据轻重缓急，统一向街道办事处布置，由街道办事处指导居民委员会的工作，有关工作与派出所密切联系、互相帮助。这样，居民委员会工作起来就更有头绪，积极分子也感到有了办法了。群众反映：政府办事方便，群众说话解决问题方便,积极分子工作方便。

街道办事处和居民委员会,证明是加强街道工作的最适宜的组织形式,但是,它目前还只是在少数地区试行,而这些地区又因试办不久,取得的经验还不够完整。很多地区根本还没有试行,也谈不上有什么经验。现在已明令颁布了条例,各地即将根据条例来开展工作。没有建立的地方,就要建立起来;已经建立起来的地方,也要根据条例的原则加以整顿。根据颁布的条例的原则和各地试行的经验,在建立居民委员会时所要注意的有如下问题。

首先是关于居民委员会的性质。居民委员会不是基层行政机构,更不是权力机构。它和街道办事处的性质也是不同的。街道办事处是市辖区或不设区的市人民委员会的派出机构。居民委员会是群众自治性的居民组织。它既不是一级政权组织,因此,任何国家机关就不能向它发布命令;当然,它也不能像人民代表大会那样做出对行政机构约束性的决议。它在自己所属范围内,在市、区或街道办事处的指导下,通过自己的组织,执行下述任务:(一)办理有关居民的公共福利;(二)向当地人民委员会或者它的派出机构反映居民的意见和要求;(三)动员居民响应政府号召,遵守法律;(四)领导群众性的治安保卫工作;(五)调解居民间的纠纷。居民委员会的这种性质和它的任务,只有在人民当家做主的国家里才是可能出现的。因为国家的利益是和人民利益相一致的,就有可能教育人民自觉地响应人民政府的号召,遵守政府的法律、法令。为满足人民日益增长的公共福利的需要,就要把居民群众组织起来,在政府的支持和帮助下,才有可能比较完满地求得解决。而为了密切政府与居民之间的联系,及时倾听群众的意见和要求,也需要把居民组织起来,集中群众的意见和要求,反映给人民委员会,以便及时推进政府的工作。我们要认识居民委员会的性质和任务对它进行指导,发挥它应起的作用。

其次,居民委员会既是群众性居民自治组织,因此它在进行工作时,应当根据民主集中制和群众自愿的原则,充分发扬民主,它进行工作的方法,只能是说服教育的方法。在做一件工作时,要把道理讲清楚,使每个居民都懂得这件事情的意义,充分地让群众发表自己的意见,把大家的意见集中起来,做出决议或订立公约贯彻执行。要教育居民自觉地、积极地遵守居民委员会的决议和公约,教育他们维护集体的利益,积极响应政府号召,自觉地遵守政府的法律、法令。

第三,在建立居民委员会的过程中,要充分发扬民主,使居民自由地选举那些为人公正、作风正派、热心为大家办事的人当居民委员会的委员、小组长和副组长,是很重要的一件工作。居民委员会的委员和小组长选得很恰当,对于每个居民都是有好处的。在选举时,每个有选举权的居民都要慎重考虑,选哪些好人出来办事,不能让被管制的分子和其他被剥夺政治权利的分子担任居民委员会的委员、居民小组组长和工作委员会的委员。对于这些被群众选出来的积极分子,有关单位就经常地对他们进行教育,提高他们的社会主义觉悟和办事能力。

最后,在建立居民委员会后,要注意避免过去所犯的多头领导及由此而来的忙乱现象。今后居民委员会的工作,要统一在市辖区人民委员会和不设区的市人民委员会指导下进行工作。市、区人民委员会所属的工作部门和其他有关机关,如果必须向居民委员会布置任务或全市性工作时,应当经市、区人民委员会批准统一布置。而市、区人民委员会所属各有关的工作部门,可以对它们进行业务指导。这种做法,根据已试行地区的经验,是便于工作和任务的完成的。

随着居民委员会和街道办事处的建立,无疑地将会极大地加强人民政府和人民的联系,使居民能更好地解决自己的公共福利,使政府的政策更顺利地贯彻到居民群众中去。但是,也要认识到:建立很好的组织,并不等于解决了一切问题。还需要我们深入群众,勤勤恳恳地为人民服务,帮助人民克服生产和生活中的困难,才能不断地加强人民群众对政府的爱戴和支持。

【选自《光明日报》社论 1955 年 1 月 3 日】

重庆市建立了街道办事处和居民委员会的
街道密切了政府和居民的联系

　　重庆市有些街道中已经建立了街道办事处和居民委员会的组织。居民们向政府反映意见和要求更加便当了。第二区香国寺地区的居民,饲养了760多头猪,感到饲料缺乏,经居民委员会向政府反映后,政府及时帮助居民解决了这个困难。第一区北境庙附近有一条污水沟,影响临近居民的健康,街道办事处把这个问题报告给上级政府,后来这条污水沟就改成了下水道。重庆市合作社联合社大溪沟屠宰场,因工作人员责任心不强,多次发生死猪现象,附近居民到街道办事处提出了批评,街道办事处根据居民的批评,帮助屠宰场人员纠正了这种现象。

　　在街道办事处、居民委员会和有关方面配合下,街道工作有了很大发展。现在全市已建立了居民夜校217所,使34300多人受到文化教育。第一、二两区及第四区的两个派出所地区,安装了由居民自己管理的自来水站571个,在没有自来水的地方,普遍设立了饮水消毒站,使20多万人能用到清洁的水。另外还成立了50多个街道托儿所和很多接生站、读报、文娱组织。第二区木关街、米亭子、体仁堂等三个居民委员会还为居民介绍了职业。木关街180多人参加工作后,解决了300人的生活困难。第六区黄埔街道办事处在附近八个工厂中加强了工属工作,对保证职工完成生产任务起了一定的作用。

【选自《新华社新闻稿》1955 年 1 月 7 日 第 1683 期】

杭州市人民政府建政办公室
关于北山街道办事处改造中存在问题的通报^①

西湖区改选居民委员会的工作已全部结束。根据我们在该区北山街道办事处的检查,在改选工作中存在下面几个问题,特通报如下:

首先,宣传工作草率简单,没有很好发动群众,向居民群众进行宣传不深不广,群众大会到会人数寥寥无几。如北山街居民区共 190 多户,召开群众大会只到 70 余人,不到总数一半;外西湖居民区的群众大会共 113 户,只到 32人,不足总数的三分之一(其中大部分都是干部),实际就是干部大会。

在宣传内容上,未按照宣传提纲讲话,把选举居民委员应该考虑的四个方面,讲成四个条件,并说:"选居民干部要成分好,要工人、农民……"在宣传方式上不从正面进行启发教育,来提高居民干部和居民群众对居民委员会的认识,而是采取批评指责的方式,引起干部和居民的不满。有的群众反映:"开会就是来挨骂。"同时在进行宣传时轻易将原有居民组织宣布全部撤销^②。

其次,在提名选举时,没有发扬民主,采取行政包办做法。如北山街居民区在居民委员会提候选人名单时,事先直接布置治保干部在小组上提出内定的名单,并强调"要对外保密"。在该居民区内部准备当选的副主任华慧珠,男女关系上作风不够好,群众没有提名,办事处就在群众会上以联名方式把华提为副主任,事后经访问治保委员廖桂英,她说:"居民委员都是上面确定的。"又如外西湖居民区在选举时,一个小组 22 户,只来了 4 个,小组无法提名,办事处将小组合并为群众大会(共 47 人)临时采用派出所、办事处、居民委员会三个单位联合提名的方式^③,将内部选定的名单在会上宣布,并分成三个小组讨论,征求意见后即当场在会上举手通过。事后群众写信向市人民检察院控诉办事处主任包办代替的不民主作风,表示对改选工作不满。在工作过程中未注意培养和发现新积极分子,工作浮在上面。如外西湖北山街两个居民区新

---

① 原文标题为《杭州市人民政府建政办公室通报(第四号)》。

② 原文按:这种做法是区府统一布置的,应该由区府负责。

③ 原文按:小组不足半数不能提名,群众大会亦不到半数就能提名,这样的做法是错误的。

改选的居民干部中没有一个新的积极分子,只是将原有的居民干部调整了一下,换汤不换药。甚至北山街办事处竟错把一个男的居民副小组长提为妇女委员候选人。此外,由于该办事处对妇女组织思想不重视,改选后不纯现象仍旧存在。如外西湖居民区新当选的 6 个妇女委员中有 5 个本人或家庭有政治历史问题。

西湖区北山街办事处在改选工作中所以产生这些情况,主要是由于该区未及时抓紧对北山街办事处督促检查,纠正错误,办事处本身对这次改进的意义认识不足,单纯任务观点,不认真研究学习所发的指示文件。市建政办公室亦没有及时深入帮助指导,提出意见。因此造成北山街的改选在宣传工作上草率从事,提名选举包办代替,违反了依靠群众发扬民主的基本原则,从而招致群众不满,给工作带来了损失。我们希望西湖区政府根据北山街的工作教训,对整个居民委员会的改选工作进行一次检查,并系统地总结工作,教育与提高干部,改进工作。

我们也希望各区根据西湖区北山街工作中的教训,在一批居民委员会改选结束时,认真进行检查,总结经验教训,在现有基础上提高一步,防止不顾工作效果,单纯赶时间。必须贯彻稳步前进的方针,及时督促检查,保证改选工作的顺利完成。

此通报

各城区人民政府、各街道办事处

杭州市人民政府建政办公室

1955 年 1 月 18 日

广州市各区居民委员会密切政府同人民的联系

　　广州市各区的居民委员会在密切政府同人民的联系方面起了很好的作用。许多居民委员会注意经常搜集居民的意见，并按问题性质的不同，分别反映给区人民政府和有关部门处理。西区多宝街第三居民委员会根据居民的反映，了解耀华坊亚约广场上放着大量油桶，因为保管得不好，经常有很多油被倒泻在地上。第二居民委员会便去信给中国油脂公司广州分公司提出意见，促使这个公司改善了保管工作。居民委员会还经常发动群众作好防特、防匪、防火等工作。北区西山街第二居民委员会，曾经发动群众协助公安机关破获了反革命案件。东区保安街第七居民委员会管辖内的寺右村，有许多木屋和放稻草的房子，在冬天容易引起火灾，居民委员会经常宣传防火常识，还发动群众把村前的一个塘蓄了水，预防火灾。

　　有些居民委员会组织居民识字班、读报组等，帮助居民进行文化学习。在一些工厂集中的地区，居民委员会注意在工人家属中进行工作。北区大塘街第六居民委员会第五居民小组，为了帮助工人家属解决生活上的困难，成立了一个家属互助组。工人家庭梁秀珍生小孩时，互助组便送她到医院，并帮她料理家务。

【选自《新华社新闻稿》1955 年 2 月 10 日 第 1715 期】

杭州市人民政府建政办公室
关于本市居民委员会改选问题的通报①

　　本市整顿居民组织工作到目前为止,已有一半以上的居民委员会改选结束。这次改选工作虽有一定成绩,但存在的问题也不少。为了总结经验,纠正工作中的偏差,使今后继续开展改选居民委员会工作能更顺利地进行,并进一步做好已整顿的居民委员会的巩固工作,我们会通报各区吸取西湖区北山街街道办事处改选工作的教训,要求各区对改选居民委员会工作进行一次全面的检查。兹将市建政办公室配合江干、中城、下城等区检查南星桥、湖滨、孩儿巷三个街道办事处所发现的问题通报如下。

　　一、改选后有的居民委员会仍然有不纯情况。如南星桥街道办事处19个居民区当选居民干部609人中,政治复杂、历史不清的有47人,作风恶劣为群众不满的有9人,57个居民正、副主任中,出身、成分不好,政治上不够清楚的有11人。如宝善弄居民区居民计划供应委员江益光,曾当过国民党区分部书记;秋统居民区文教委员来沛丰本人成分是工商业兼地主,老婆是地主阶级分子,受过管制;石新居民区居民副主任(兼基层妇代会主任)来指华,丈夫是运输行老板,本人曾与日伪军医、伪保长轧过姘头,开过赌博场,解放后仍乱搞男女关系,群众称之为"女流氓"。二商场居民区新当选13个居民委员中,有政治历史不清国外回归分子1人,与港、澳、台有关系的1人(是吸毒犯),伪区民代表1人,卫生委员陈临泰是个没落资本家兼地主、劳改释放犯,其父与其大老婆在土改时都受到管制。

　　其次,在改选工作中,错误地将敌对阶级分子作为骨干。如南星桥办事处在二商场居民区进行改选时,主观确定反革命分子家属陆士贞为居民协商代表,在新选居民委员会成立大会上,竟由劳改释放分子掌握会场。瓦子巷居民区改选过程中,办事处竟吸收了伪警察、伪记者出身并与江干区恶霸有勾结的坏分子参加其他居民区的改选工作,并参与两部居民干部审查排队等事项(此

　　①　原文标题为《杭州市人民政府建政办公室通报(第五号)》。

人改选后任居民委员会主任委员)。

二、在居民委员会选举过程中,政策思想模糊,领导薄弱,工作方式简单粗糙,不民主,某些地方甚至有强迫命令的现象。如南星桥铁路边居民区在协商候选人提名时,原居民干部王凤珍作风很坏,曾贪污过居民区自来水费、办公费约十余万元,有的困难户申请救济时王即趁机勒索借钱,不然不予证明。办事处不管群众反对,提出王凤珍做居民委员候选人,并向群众说:"缺点每人都有,是免不了的。"结果还当上了居民福利委员。南星桥梁万居民区新选居民委员进行分工时,居民干部因互不服气发生了争执,办事处干部事先未掌握居民干部思想情况,进行团结教育,问题发生后,也未很好予以耐心说服,反而拍桌子耍态度说:"不要捣乱。"群众影响很坏。湖滨路办事处白傅路居民区在选举时,第四小组副组长候选人汪梦兰,平时不关心居民工作,群众不选她,办事处、派出所欲一再向群众"说服",硬性通过了。东坡路居民区调解委员林如龙未经群众选举,是由办事处聘请产生的。又如孩儿巷办事处改组后的居民委员会委员,不是由群众选举产生,而是办事处与居民小组代表协商确定的。因而群众对这次改选很有意见。

三、根据杭州市人民政府关于《居民委员会试行组织办法(草案)》第四条第四项的规定:"居民委员会由各居民小组选举委员1人组成(如遇人数为双数时,可由被推选为主任委员之居民小组补选委员1人),并由委员互推主任1人、副主任1~3人。"湖滨路办事处改选工作中,有的居民小组产生了1~3个居民委员,没有按照《居民委员会试行组织办法》的规定办事。另外,治保委员会选举产生了委员11人,与市公安局关于整顿居民治保委员会组织方案"治保委员会委员一般5~7人,最多不超过9人"的规定不符。①

这些问题的产生,主要是由于我们缺乏经验,同时对这次改选工作的重视不够,放松领导,未很好组织街道办事处干部认真学习有关指示与文件,思想教育抓得不够紧,工作检查督促不够。市建政办公室亦没有深入发现与解决问题,对各区指导与帮助不够。这些问题的存在严重影响了改选居民委员会工作的实际收效,给工作带来了不少的损失。但是目前有些区的领导对这些问题的严重性,尚未引起应有的重视,未认真组织街道办事处对改选工作进行检查,对于已发现的问题也未及时解决,这种情况必须加以纠正。

---

①　原文按:以上问题是城区各办事处普遍存在的。

为了纠正与克服工作中的偏差,提高干部政策与思想水平,改进工作中的民主作风,各区应于二月份内抓住中心工作的空隙,认真组织街道办事处对改选工作继续进行检查。检查重点是:改选后居民委员会是否有不纯情况存在,领导权是否掌握在劳动人民手中,改选中是否充分发扬民主,以及新选居民委员会的巩固与健全方面存在的问题。如检查发现新选居民委员中有政治历史不纯,问题较严重或作风恶劣而不够干部条件的,应按小组(个别的通过群众)予以罢免,再行改选。目前改选已全部结束的区,应在此次检查工作的基础上全面地进行总结,尚未结束的区,对检查发现的问题,进行研究,切实加以纠正,并做好今后继续开展改选居民委员会的工作。全部整顿组织的工作应在三月份结束。

此通报

各城区、各城区公安分局、市公安局、市妇联、各街道办事处

1955 年 2 月 15 日

杭州市各城区街道办事处干部配备情况统计表

名称	办事处个数	现有干部数	缺少干部数	备注
上城	9	33	3	
中城	9	33	3	
下城	11	41	3	
西湖	5	12	3	其中缺少主任级干部1人
江干	8	31	1	水上办事处未建立,准备建立
拱墅	5	17	3	水上办事处未建立,准备建立
合计	47	167	16	

注:按分配数西湖区应平均每个办事3个干部,其他区应平均4人。

1955 年 2 月 27 日填

首都、上海、沈阳、武汉、广州、重庆、西安等市
新人民币的发行工作顺利进行

【据新华社一日讯】一日上午八时前后,首都500多个兑换站开始向市民兑换新人民币了。兑换新币的人们排着队伍,顺序兑换。丰台桥梁工厂许多工人,刚下了夜班就到驻厂的银行兑换所去兑换新币。在百货大楼工地,瓦工沈根元把节余的30万元旧币都换成了新币。雍和宫的藏族居民嘎拉呢玛换到新币后,反复地看着上面的图案和藏族文字。他说:"我们少数民族到处受到尊敬,新人民币上还有我们的文字,这多好啊!"宣武区各街道居民委员会的1500多个积极分子,整天都在30多个兑换所里做宣传和协助兑换工作。

这一天,国营商店、合作社和私营商店都以新币标价迎接顾客,市场物价稳定如常。中国百货公司北京市公司各门市部和许多商店的门口都贴着大幅的新旧币折算表。百货公司、合作社所有几万种商品和全市粮食、副食品、纱布等50种主要商品的价格同发行新币的命令公布的前一天完全一样,只是依照新旧币比价折为新币计算出售。东安市场500多家私营商户,今天一律在商品上折换了明码的新币标价,正常成交。全市16个菜市场,批发和零售价格,也都和2月28日一样。

【据新华社上海一日电】今天清晨,上海黄浦滩海关大厦钟楼上时钟敲了九响的时候,中国人民银行上海市分行的大门徐徐开启,上海人民等待了好多天的新人民币开始发行了。许多工厂、机关、公用企业和商业单位的财务人员陆续进入银行的营业部,像往常一样,领取他们为了生产、为了商品流转和日常需用的现金。通过这里——分行营业部,以及人民银行设在全市的400多个办事处、分理处、营业所、储蓄所,新的人民币被一捆捆、一包包地运往全市。

遍布全市的119个兑换所今天早上也开始活动。其中有专为部队、少数民族、外侨设立的,还有一个水上区流动兑换所。兑换新币的人们一拿到新票就高兴地相互传阅、交谈起来。今天有3万多人在兑换所兑了新币。许多工厂今天用新币发了工资。

今天,上海外滩中国银行上海分行挂出了新人民币为标准的外汇牌价表。这个新的牌价表表明:人民币和各国货币的折合比率仍然和新币发行前一样。

比如昨天英镑卖出价,每一英镑合旧人民币 69270 元,今天每一百英镑合新人民币 692 元 7 角。中国银行上海分行负责人对记者说:人民币对外币的合理的汇率,已大大促进了上海的出口贸易。现在国营公司或出口商人以一宗商品运出国外,卖得外汇后,可以按合理的汇价换取人民币,在国内市场购买出口商品。去年上海出口商品的总值相当于战前 1936 年的 300% 以上。历史上最大的入超口岸——上海,现在已成了出超口岸了。

【本报沈阳一日电】辽宁省人民热爱新人民币。沈阳、旅大、鞍山等地人民从清早起就有秩序地到兑换所兑换新币。许多群众赞美新币,说它既好认又美观。在沈阳各个兑换所里,人们仔细地端详着兑换到的新人民币,小心地把它放在钱袋里。东北第二工程公司第一工程处工地财务科的干部陈士美拿到新币以后说:"去年我们搞决算的时候,账目还出过差错,浪费了不少时间才查对清楚;今天使用新币了,我们要改进业务技术,缩短业务时间,提高工作效率。"抚顺钢厂锅炉工人李凤文换到新币以后说:"国家物价越来越稳定,钱也越来越顶用,我们一定要努力工作,好好地建设我们的国家。"各地经济部门在新币发行以前,都进行了充分的准备工作。沈阳市人民银行的职工平均一分钟兑换一笔款子,比预定的工作效率提高三倍。

【据新华社武汉一日电】武汉市民今天怀着喜悦的心情用旧币换得了新币。上午九时半,全市 140 多处收兑站打开大门接待了兑换的人群。这时,20 多个流动收兑组和用彩绸装饰着的流动收兑卡车,也出发到工厂、建设工地、堤防工地和市郊农村去了。今天,武汉全市商场的货架、橱窗里 65000 多种商品,用新币和旧币标明的价目卡片和价签,引起顾客们很大兴趣。

【据新华社广州一日电】广州市民整整期待了八天的新币今天开始发行了。黄浦、东堤、南堤、长堤、新堤、西堤、芳村、沙面等处,今天有数千名水上居民划着小船去兑换新币,他们的兑换数目都不大,目的是在于看一看美丽的新币。今天有一部分市民在国营百货商店和合作社里买东西时,从找零钱中拿到了新币。

【据新华社重庆一日电】重庆市 170 多个兑换站今天被彩旗和标语装饰一新。成千上万的人在期待中把新币兑到手里了。解放前,重庆较场口是最大的一个金融投机市场。今天那里的人民银行储蓄所兑换专柜前彩旗缤纷,红灯高挂,兑换的人群喜气洋洋。

【据新华社西安一日电】新人民币的发行,给西安市市场带来了新的气象。今天,分布在全市的国营公司和供销合作社,已全部用新人民币标出价格出售商品。全市私营的经销、批销店也都按照国营牌价，以新人民币标出价格。据西安市商业管理部门的统计：以 2 月 20 日为基期，今天全市的面粉、食油、煤、盐、毛巾等 47 种主要商品批发价格指数为 99.99；大米、面粉、食油、肥皂、猪肉等 58 种主要商品零售价格指数则为 99.82。

【选自《人民日报》1955 年 3 月 2 日】

杭州市人民政府建政办公室下发《杭州市街道办事处四个月来工作总结报告(初稿)》的通知①

事由:简不录由

主送机关:各城区人民政府

抄送机关:浙江省民政厅、杭州市人民政府办公室、杭州市人民政府公安局

兹发下《杭州市街道办事处四个月来工作总结报告(初稿)》一份,希认真研究,提出补充修正意见上报。

附件:如文

杭州市街道办事处四个月来工作总结报告(初稿)

一、街道办事处从 1954 年 8 月下旬开始建立以来,较系统地进行了下列工作

(一)广泛地进行了一次贫民救济群众性的评议工作,救济政策与群众见了面。通过评议,贫民救济户受到了一次生产自救劳动光荣的教育,批判了单纯依赖政府救济的思想。经评议核定后,对全市救济户的情况有了较全面的掌握,核定长期救济户 868 户,1286 人;救济面较前缩减了 21.5%,基本上做到了救济对象准确。如江城路街道办事处原有长期救济户 27 户,经过评议发现了过去救济不当的有 12 户。拱墅区在评议工作的基础上,帮助困难户寻找生产门路,组织生产自救,据不完全统计,四个月来协助劳动部门介绍 1295 人(次)参加了临时工作,获得工资 15000 多元。贫民救济群众评议工作的开展与贯彻,为今后作好社会救济工作创造了有利的条件,冬令救济工作就是在此

---

① 原文标题为《杭州市人民政府建政办公室通知》。

基础上进行的。

自民、劳部门救济范围划分后,原属劳动部门救济的失业登记丙类以下人员的救济工作(共长期救济户414户,1704人;临时救济户828户,3458人)自12月份起划归办事处办理,经初步审查核定后,过去救济过宽与不当的现象也逐步减少。如中城区12月份救济款额即较8月份减少297元。

今年的春节拥军优属工作其活动范围和发动群众的程度亦较为广泛和深入,全市所有办事处在春节期间都召开了烈军属联欢会和座谈会,普遍组织烈军属收听春节军民联欢大会和市府刘秘书长的广播报告,进一步深入地贯彻了优抚政策。

(二)进行了棉布券的调剂工作,各办事处在宣传动员居民群众提高认识的基础上,经过按家按户算细账,合理地安排用途,按照实际需要互相进行了调剂。根据上城、中城、下城、拱墅、江干5个区的统计,除居民内部自行调剂外,计调剂多余上缴布券17万尺,弥补了机关、工厂的不足,同时通过棉布券的调剂及进一步实行粮食计划供应,对居民群众又一次地进行了计划观念的教育。

(三)开展了爱国卫生评模工作,居民区共评出爱国卫生模范24人,办事处单位模范1人。通过评选卫生模范,进一步推动了当前爱国卫生工作,深入了爱国主义的宣传教育,提高了群众认识,鼓舞了群众情绪。不少地区群众还自觉地检查了过去爱国卫生工作情况。1954年国庆节及春节前后还开展了卫生大扫除,推动了部分居民区建立、恢复门前保洁制度与摇铃打扫和检查制度,使爱国卫生工作逐渐趋向经常化。

(四)进行了国庆节宣传工作,通过宣传活动,群众认识到1954年国庆节的重要意义及祖国五年来所取得的伟大成就,使群众进一步认识了社会主义的远景。此外,协助了居民业余学校动员学生入学,如下城区下半年入学人数有4463人,比上半年4168人增加6.6%。

(五)开展了系统的整顿居民组织工作。到目前为止,全市共整顿了264个居民委员会,占全市居民委员会总数62.4%①,通过广泛地发动群众,整顿居民委员会工作,基本上达到了纯洁与健全居民组织的要求,并涌现出许多新的积极分子,加强了居民工作,克服了过去组织多、居民干部兼职多的紊乱情

———————————————

① 　原文按:全市现有居民委员会426个。

况。居民委员会的改选，使居民群众普遍接受了一次民主生活的教育和锻炼，加强了人民内部的团结，街道办事处与群众的联系更加密切了，群众更加信赖与靠拢人民政府。

二、当前街道办事处工作中存在的问题及我们的意见

（一）关于领导问题：通过几个月来的实际工作的摸索，各区在领导办事处工作方面也积累了一些方法，对各项工作的统一安排与控制亦较前有了进步。如上城区每月由各业务单位提出居民工作计划，由区统一研究安排，在每月五日前向办事处布置，使办事处在工作上有所遵循。

但目前各区在领导办事处的工作上无专人负责，制度不够健全，在建立期间，各区对办事处的工作，一般都由建政工作组负责具体领导，但近来因建政工作组忙于整顿居民组织，对经常的业务无暇过问，因此有些工作只有布置，缺乏检查监督与帮助；有的区改选居民委员会工作已结束，建政工作组已撤销，这些区对办事处的经常领导就更差了。各业务单位不通过区府直接向办事处布置工作的情况已有发生。如拱墅区米市巷街道办事处在一天内向其布置工作的单位即有 11 个；又如中城区卫生所未与办事处联系，就直接布置居民区打针。拱墅区府有些科室不通过区府而向办事处索取总结报告，如商业科向办事处要棉布调剂工作简报，民政科则又要社会救济工作简报，使街道办事处无力应付。

由于各区对街道办事处的领导缺乏专人负责，因此政治思想工作均较薄弱，以致到目前为止仍有部分同志不安心工作，个别的甚至说："我在下边发牢骚，领导上都官僚主义不知道。"也有的公开说："办事处建立不必要，可以撤销。"有的办事处干部自由散漫，工作制度松懈，严重地影响了工作。

我们认为为了加强区对街道办事处的领导，首先各区必须有一个副区长分工管理这项工作，并在区府秘书室内设置专职干部 1 人（区府改人民委员会后可在办公室内设专职干部 1 人），具体协助领导街道办事处，其任务是统一安排与布置工作，配合有关部门，检查街道办事处工作执行情况。

其次，各单位凡未经区批准不得自行对街道办事处布置工作，各区应研究制定必要的控制办法，以便于掌握，并须建立定期的布置、检查与汇报、总结工作制度，以保证对街道办事处的经常领导，克服时松时紧的现象。

必须加强对街道办事处工作人员的政治思想领导，今后除了严格其中党、团员的组织生活外，必须加强对一般干部的思想教育，区委应将此项工作作为

一项经常的业务工作。

（二）关于办事处内部的工作制度问题：目前办事处虽建立了一些制度，但不严格执行，工作纪律不严，办公时迟到早退，干部学习松懈，民主生活不健全等现象还很普遍。

为了改进上述情况，必须建立与健全各项制度，根据居民工作的特点，一般上午家庭妇女较忙，因此居民工作和活动都要在下午和晚上进行。我们认为在上午可抽一定时间进行学习与研究工作。每天可以碰头会等形式交流工作情况，研究安排工作，并须统一安排政治学习与业务学习时间，严格学习纪律；定期召开生活检讨会展开批评与自我批评，以防止干部违法乱纪现象。这对于经常接触群众的办事处工作人员来讲是极为必要的。

（三）关于街道办事处与派出所的关系问题：据了解，目前一般尚正常，但普遍缺乏一定的联系制度，或虽订立了一些制度，但坚持执行的为数极少。由于工作中缺乏密切配合与联系，因而目前个别地区的办事处与派出所工作人员，也存在互不服气、互抱成见的情况，如果发展下去，对工作是很大的不利。为了加强相互配合与联系，必须建立一定的制度，我们认为今后应每月召开处、所联席会议一次，会议主要内容是解决相互间的各种统一安排与相互间的关系问题。平时凡属讨论与双方工作有关的处务会议或所务会议也应邀请主任或所长参加，以便相互了解情况配合工作。同时双方的工作人员应在工作上、学习上以至生活上加强联系，增强团结，遇有问题，区府领导必须及时予以解决。

（四）关于办事处几项具体业务的意见：

1. 调解工作范围问题：由于我们对民间调解工作的职责范围没有明确统一的规定，以致在处理某些纠纷上办事处与派出所感到职责不清，有的地区发生了相互推诿的现象，影响了工作和团结。根据办事处与派出所机构的不同性质，我们认为凡属重大刑事案件或构成刑事犯罪的与危害社会治安的纠纷应由派出所处理；凡属一般民事纠纷及轻微刑事案件可由办事处负责处理。建议市人民法院与市人民政府公安局拟一个工作划分意见，以资今后工作。

2. 办事处为群众开具证明的问题：街道办事处为全市各部门工作方面开具之证明，种类繁多，情况复杂，仅行宫前、岳王路、横河桥等街道办事处初步调查就有 38 种之多。目前各办事处在开具证明工作上存在的紊乱现象是较为严重的，今后必须加以控制，并对开具证明的职责范围加以规定，以改变紊乱现象（另附证明工作划分意见）。

3. 关于居民委员会经费问题:自中央规定统一拨发居民委员会公杂费及居民委员会委员补助费以后,由于此项经费的使用没有明确具体的规定,各区在使用范围与使用办法上都不统一,也有的因没有具体办法而不敢使用。为了改变上述情况,我们建议:公杂费应由街道办事处统一掌握,各居民区在不超过规定范围内开支,但由于各居民区情况不同,开支不一,因此在群众同意的原则下各居民区间可相互进行调剂,关于居民委员会委员补助费由各区掌握按照规定的补助条件,采用评议与政府批准的方法进行补助。(另附经费使用办法意见)

4. 办事处内部的分工问题:过去有的办事处没有内勤,有的轮流值班,有的专设内勤,有的内勤兼部分居民区工作,很不统一。根据目前办事处的工作情况来看,办事处的内勤事务很多。主要有:办理救济款的发放(包括长期、临时)、文件收发保管、材料整理(简报总结等)、纠纷调解(主要是找到办事处来的)、棉布票的补发与调换及有关单位业务工作的接洽,群众零星事情的询问和处理等工作。如过去派出所兼办的粮食、食油、计划供应工作也划归办事处办理,则内勤工作将更为繁重。因此办事处设置专人,统一管理工作是十分必要的(内勤是否专职或兼管一两个附近居民区的工作,要根据办事处工作繁简来决定)。由于办事处设置了内勤,外勤工作必会受到影响。因此有些力量配备较弱的而情况又较复杂的地区,必须有重点地增加干部力量,以利工作。

5. 关于江干、拱墅区建立水上办事处的问题:钱江与运河往来与集居的船民较多,公安局在上述二区均设有派出所,为了相应地做好船民的工作,拱墅区曾建立过水上办事处,江干区亦派干部参加过水上派出所工作。但是由于水上船民流动性大,经常分散在外,来往又不固定,集会很困难,经常的救济、调解、开证明等工作也不多,因此建立后又复撤销。按目前情况来看,水上派出所因保卫工作需要,力量配备较强,并设有固定内勤,办事处的一般业务如计划供应等工作,派出所可以兼办,教育工作派出所在进行治安保卫工作时也可结合进行。因此我们认为目前水上办事处可不必单独设立,如有干部设1人在派出所内统一进行工作也属可行。

1955 年 3 月 17 日

首都各界人民热烈讨论兵役法修正草案

　　北京市各阶层人民广泛讨论和热烈拥护《中华人民共和国兵役法（修正草案）》。

　　连日来，北京市各个工厂、工地、学校、机关、街道居民和郊区农民，纷纷举行了数以千计的群众集会，听了关于兵役法修正草案的报告。西四、东单、丰台等五个区的人民政府先后召开了政府委员会扩大会议，对兵役法修正草案进行了讨论。石景山钢铁厂、京西矿务局等27个较大厂矿都举行了兵役法修正草案的报告会。东单区的70个居民委员会也热烈讨论了兵役法修正草案。

　　全市各阶层人民一致认为实行义务兵役制完全符合国防建设的需要和广大人民的利益。广安门外关厢农民侯桂珍说："义务兵役制是最公平合理的兵役制度，我一定鼓励我的儿子好好锻炼身体，国家什么时候需要他，我就送他去服兵役。"北京邮局训练班18岁的学员赵文林听了兵役法草案的报告后，兴奋地说："为了保卫祖国，保卫和平，我决心随时准备着履行我的光荣义务和神圣职责。"北京钢铁工业学院压力加工系轧钢专业三年级的学生学习了兵役法草案后，全班所有的锻炼小组都修改了锻炼计划，自动增加了投手榴弹等军事体育项目，决心练好身体，随时准备响应祖国的召唤，应征服兵役。

　　【选自《人民日报》1955年3月21日】

杭州市有关居民委员会印章的一组文献资料

杭州市人民政府建政办公室报告

接古荡区人民政府报告,该区沈塘桥致电工人家属宿舍,根据中央颁布之《城市居民委员会组织条例》,进行了整顿,于3月6日正式成立了居民委员会,要求核发居民委员会印章一枚。关于本市居民委员会的印章,早在1952年9月由市公安局根据市府指示通知各派出所刻制,经费由居民委员会办公费内报销。因此我们认为古荡区要求核发印章问题,可由该区根据规定式样自行负责刻制,经费在居民委员会办公费内报销。

以上意见是否妥当,特报请核示。

杭州市人民政府建政办公室

1955年4月2日

杭州市人民政府建政办公室报告

本市居民委员会经过整顿有许多已经合并,也有的新建立起来,变动很大,因而很多居民委员会的图章很需要调换或新刻,为此对图章的刻制和调换问题,特提出如下意见:

一、凡合并的居民委员会名称未动的,旧章可以继续使用;名称已经调换或新建的,可以由办事处负责刻制,旧章一律撤销,统一由区人民政府保存或烧掉。

二、刻制经费可在居民委员会办公费内开支。

三、图章式样可根据1952年10月20日省民政厅民政〔52〕字第7618号抄发华东军政委员会民政部,为修正居民委员会的图章名称之规定,即图形,直径四点四公分,阳文正楷,文曰"杭州市××区×××居民委员会",不冠省名,亦不用"图记"二字。(附图章式样)

以上意见,拟通知各区执行,是否有当,特请核实。

杭州市人民政府建政办公室

1955 年 4 月 2 日

杭州市人民政府民政局报告

本市居民委员会图章,在 1952 年 9 月按规定已全部刻制,并于 10 月 1 日起开始启用,后又于同年 10 月 20 日接省厅转来华东军政委员会民政部为修正居民委员会图章名称的公函一件,修正内容为:"居民委员会图章不冠省名,图记二字亦可不用。"当时本市因图章已全部刻好并开始启用,故此没有按修正内容重新刻制。目前本市居民委员会整顿工作已即将结束,通过整顿很多居民委员会已经合并或调整,也有的居民委员会新建立起来,所以部分居民委员会的图章就需要调换或新刻。为此本市居民委员会图章可按修正后的式样全部重新刻制,经费在居民委员会办公费内开支。

是否可行,特报请核示。

杭州市人民政府民政局副局长杜振华

1955 年 4 月 11 日

杭州市人民政府(报告)稿

我市整顿居民委员会组织工作即将结束,经过整顿,居民委员会已有调整和增加,为统一起见,拟将居民委员会印章全部重新制作。关于居民委员会印章样式,于 1952 年期间前华东军政委员会民政部曾有规定颁发各地执行,按现《城市居民委员会组织条例》已经颁布,居民组织日趋正规,但现无新印章。为此,兹新拟印章式样一种,请予核示,如仍可按前华东军政委员会民政部规定办理,立请指示办理。

杭州市人民政府 市长 吴

省民政厅电示:

所报请示有关居民委员会印章一事悉,答复如下:

1. 印章字样应是"杭州市×××居民委员会",不必冠以省的名称。

2. 居委会印章只限本市范围使用,不得借至外地。

3. 刻制印章的费用,经与财政局联系及省的意见:应在居民委员会办公经费内报销,不能在国家行政经费内支付。

4. 印章式样及大小,原规定可由省决定,现省意见,请杭州市先绘制印章草样,再报省研究决定。

金馀生接电　　1955 年 4 月 27 日上午

山西省人民委员会关于建立和加强城市
街道办事处和城市居民委员会的通知

省政卫字第 370 号

　　进一步加强城市基层政权工作和把城市居民更好地组织起来,在国家进入社会主义建设时期具有重大意义。因此,各市人民委员会应根据《城市街道办事处组织条例》《城市居民委会组织条例》,结合当地具体情况,制定实施计划,做好这一工作。兹将有关事项通知如下:

　　一、名称与要求:大同市、阳泉市、长治市、榆林市一律建立街道办事处和居民委员会。其街道原有行政组织,凡不符合组织条例规定者一律撤销。太原市应根据组织条例规定进行一次整顿街道办事处和居民委员会的工作。要求各市于今年年底以前完成。

　　二、组织领导:这一工作是在市的党、政统一领导下,由各有关部门共同组织力量进行。具体工作由市的民政部门负责。

　　三、在建立街道办事处和居民委员会工作中,大体上可分以下步骤:

　　1.调查研究:掌握街道居民、干部等基本情况;划分居民委员会及居民小组的辖区范围;研究街道原有行政组织的保留、撤销以及配备干部等工作。

　　2.宣传发动:向居民宣传居民委员会和街道办事处的性质、任务和二者关系;本居民委员会和居民小组的划分,本街道辖界范围;本街道原有行政组织的保留和撤销;居民组织的干部的条件等。在此基础上,组织居民群众民主酝酿居民委员干部人选。

　　3.建立组织:建立居民委员会,选举居民委员会委员兼小组长,再在居民委员会委员中推选主任、副主任;建立街道办事处,召集居民小组长以上干部,宣布办事处工作制度及街道当前工作,办理街道新旧行政组织交接工作。

　　4.巩固组织:街道居民组织建立后,应组织街道中居民小组长以上干部学习组织条例及有关业务;并协助居民委员会树立工作制度,确定当前工作,研究工作方法。

　　这些步骤在工作进行中,可根据当地具体情况灵活地穿插运用。

　　四、各市应将建立或整顿街道办事处和居民委员会工作计划(阳泉市、长治市并应包括撤销城市区工作计划）报省人民委员会批准后实行。

五、在建立或整顿工作中发现问题应及时向上反映,工作结束后应总结经验,报告省人民委员会。

附件:
一、关于城市街道办事处和城市居民委员会的几项具体规定
二、太原市开化街建立街道办事处和居民委员会的工作经验(略)

附:关于城市街道办事处和城市居民委员会的几项具体规定

一、设置标准:街道办事处一般应与公安派出所相同,居民委员会应按照居民的居住情况并参照公安户籍段的管辖区域设立。

二、街道办事处均为专职干部,名额按照以下人口标准配备:居民在 20000人口以上设 7 人,15000 人口至 20000 人口设 6 人,10000 人口至 15000 人口设5 人,10000 人口以下设 3 人至 4 人。

原有街道居民组织的补贴制干部一律取消,凡合乎专职干部条件者应改为街道办事处专职干部,不合乎专职干部条件者可参加居民委员会工作。

三、经费开支标准:

1.公杂费:街道办事处每月 2 元,居民委员会每月 3 元。包括纸、墨、水、电等开支。

2.干部待遇:专职干部按待遇级别照行政费开支规定工资、包干标准执行。居民委员会主任、副主任和委员,如因工作繁忙而影响生产,致使生活确实困难者,可采取定额补助或临时补助办法予以补助,其开支标准:每一居民委员会每月平均在不超过 5 元范围内,由市或区人民委员根据街道办事处所属居民委员会的实际情况,自行掌握调剂使用。

3.开班费:每一街道办事处平均在 150 元范围内开支,应掌握精简节约精神。

以上费用由各市在总预算乡镇行政费内先行开支,待建立工作结束后再追加预算。

四、关于印章:一律圆形,直径四公分,宋体字,印文自左而右两行横排。街道办事处为"××市××街道办事处",或"××市××区××街道办事处";居民委员会为"×××居民委员会",不必冠市、区名称。城市街道办事处的印

章一律由市人民委员会制发;居民委员会的印章,设区的市由区人民委员会制发,不设区的市由市人民委员会制发,统一从开办费中开支。

1955 年 5 月 21 日

【选自《山西政报》1955 年第 10 期】

天津市东楼街居民订立节约粮食公约

天津市六区东楼街居民受到节约粮食的教育,80％的住户订立了节约粮食公约。据六区人民委员会检查,东楼街已成为节约粮食较好的街道。

东楼街的各居民委员会和党的宣传员曾采取开座谈会、读报和家庭访问等方法,向居民宣传节约粮食的意义。全街 14000 多人中,有 7500 多人直接听到了报告和宣传,每户的家庭主妇都参加了座谈会。

居民们都认真执行了节约粮食公约。许多人家精打细算地按实制定了购粮计划,每月吃多少买多少。妇女们注意减少剩饭浪费,过去各个胡同、里巷的脏水池上常倒有面条、米饭、窝头等食物,现在已看不到了。喂养鸡鸭的住户都采用米糠、豆腐渣等代替粮食作鸡鸭饲料。据统计,全街 6 个粮食零售店的销售量自 3 月份以来逐月下降,5 月份比 3 月份减少 58000 多斤。

【选自《人民日报》1955 年 6 月 20 日】

重庆市民协助政府做好粮食节约管理工作
济南八百多个集体伙食单位严格节约粮食

重庆市广大市民积极协助政府做好粮食节约和粮食管理工作。市中心区400多个居民段居民对私营代销粮店已实行监督。居民委员、街道积极分子等对私营粮店短少斤两、不注意粮食清洁和对顾客态度不好等时常提出意见和批评。石灰市、白象街、朝天门等地居民揭发中兴、丰年、顺记米厂、米店短少斤两后,市粮食部门很快作了检查和处理。千厮门居民邓南玉检举了私营饮食商张子恒借用购粮证套购粮食的投机行为,市粮食部门立刻依法制止。王爷庙附近的居民发现私商和少数带粮食进城的农民作场外交易,马上通知粮食部门制止这种违法行为。

自7月下旬全市开展群众性的节约粮食运动后,各街道居民委员会、治安保卫委员会和街道妇女的群众组织都把宣传节约粮食作为当前的中心工作之一。许多居民委员、妇女委员和群众积极分子深入到居民段进行宣传。他们对附近机关和居民中浪费粮食的行为都及时提出意见,给予批评。上清寺第七、第八居民段居民委员会主任委员刘素卿、鲍春舫用自己的模范行动,带动三百几十户居民订了节约粮食的计划。许多居民群众在受到节约粮食教育后,自动减少了购粮数目。

市工商业联合会还组织私营用粮行业中的资方人员和职工进行节约粮食的学习。公私合营六一〇纺织厂和公私合营大明纺织染厂的职工采用石灰浆纱,节约了大批粮食。

济南市八百多个集体伙食单位严格审核用粮计划,改进食堂管理,7月份粮食消费量比五月份降低14.5%。

7月份,济南市所有集体伙食单位都制定了用粮计划,建立了来往客人、家属和外出工作人员用饭登记制和其他一些管理制度。许多单位的用粮计划是先由个人制定,再经过小组评议和行政审查批准的。山东省交通厅食堂过去每到星期六就要被许多人带走大批馒头,自从加强食堂管理后,每星期六可减少用面50斤左右。

【选自《人民日报》1955年8月4日】

北京东四区发动居民定用粮计划^①

北京市东四区于 6 月上旬在全区居民中开展了按户制定用粮计划和核实用粮计划的工作。至 7 月下旬基本结束,全区 6 万多户居民都已经定出较切实际的用粮计划。通过宣传和制定计划,使全区居民受到了一次深刻的、生动的社会主义教育,树立了节约粮食、反对浪费和服从国家计划的观念。在广大群众中,浪费粮食的现象已大大减少了。群众反映:"土筐里看不见剩饭和窝头啦!""小孩也知道要节约粮食,吃饭的时候不乱洒乱扔了。"如铁道部宿舍,过去常有剩饭剩面倒在秽水池里,致水池经常堵塞。现在,那里的秽水池已畅通无阻。群众反映:"节约了粮食,卫生也搞好了。"虚报人口冒领粮食、投机套购粮食的现象已基本消除。通过定用粮计划,一方面,全区居民合理的需要得到保证;另一方面,粮食销售量中不合理的部分已大大压缩。从 6 月份起,全区粮食销售量已逐渐下降。5 月份全区粮食销售量为 992 万多斤,6 月份为 954 多斤,7 月份为 828 万多斤,7 月份较 5 月份降低了 16.48%,比 6 月份降低了 13.13%。

在广大城市居民中,过去向来没有定用粮计划的习惯。一听说要定计划,有的居民以为粮食要"紧"了,怕以后买不着粮食,产生了一些恐慌心理;许多居民对于自己每月需要吃多少粮食心中没底,怕计划定低了不够吃;有的还打算招待亲属和客人,都想把计划定高一些,"宽打备用"。有的居民错误地认为"浪费在机关,倒卖在奸商,居民中没有什么可节约的",认为定计划是"白添麻烦",因而还不肯精打细算。有的只是根据"一人一天一斤粮"的习惯来定自己的计划。还有少数人听信谣言,抢购粮食。针对这些情况,我们大力展开了宣传工作,结合群众思想,揭露了外运和浪费粮食的实例,批判了"居民没浪费"等错误思想,强调了保证粮食供应,说明节约粮食、加强计划供应是保证社会主义建设的一项重要措施。在发《居民计划用粮申请书》的时候,又集中地批判了"宽打备用"的思想,提出"精打细算"的要求,并指出认真定好用粮计划是

---

① 原文标题为《北京东四区是怎样发动居民定用粮计划的》。

人民当家作主的表现,启发了群众的自觉性。经过宣传,各种思想疑虑开始消除,一部分居民开始实事求是地定好了自己的用粮计划。

但是,当工作进入到定计划阶段,许多人仍有思想顾虑。这些人中,一部分是一时弄不清自己究竟要吃多少粮食,可以节约多少,或缺乏定计划的具体办法;另一部分是考虑个人利益,想各种办法提高自己的计划用粮数字。如为了夸大自己家庭实际吃粮的数量,有的还隐瞒过去亲戚和客人来家吃饭的情况,多报过去的购粮数字,个别人还有涂改购粮证的。有些居民还故意把计划定高,以备"要价还价"。在这种复杂的情况面前,我们采取了典型示范的办法,选择有代表性的人,在群众会上介绍自己制定计划的具体经过和办法,以具体事例向群众进行生动的教育。通过典型事例的教育,消除群众的思想顾虑,批判各种错误思想,号召群众向已定计划的户学习。这种方式具有很大的说服力。

在典型示范会上,我们还发动群众算细账,指出只有认真算好细账才能切合实际地定好计划。因此,"算细账"成了一句响亮的口号。广大群众都纷纷翻阅购粮证,计算自己今年1月至5月的购粮数量和实际吃粮数量,回忆1月至5月和目前的家庭人口变化等情况,计算6月份究竟要吃多少粮食。许多过去不知道自己1个月吃多少粮食的住户,通过算细账心中有底了,顺利地定下了用粮计划。在核批用粮计划的工作中,我们还掌握了"先易后难"的原则,分批核准计划,使先定的户影响和帮助后定的,迅速发动多数先进户,以带动和教育少数落后户。这样,才能使工作进展顺利,而不致被一些"难订户"缠住;才能在较短的时间内,核批数以千计的居民用粮计划。

经过这些工作,粮食宝贵、反对浪费、厉行节约的思想已深入人心,居民中已逐渐形成爱护粮食的风气。有的还创造了不少节约粮食的办法。绝大多数劳动人民和职工家属,逐渐认识到核实用粮计划对国家和对自己的好处,对于定用粮计划都表示拥护。如文丞相胡同十号居民王忠,6、7月份定计划后,减少了浪费,节约了开支,过去做饭的家具不够,一直置不上,7月份以节约的费用置买了用具。王忠说:"定了计划,对国家有好处,我们家过日子也显得宽裕,用钱把准了。"

这次工作的要求是:一方面要压缩粮食不合理的供应量,一方面要保证合理供应。因而掌握政策的关键就在于计划数字是否合适,防止偏高偏低现象。我们在工作中掌握了"节约""够吃"的精神,多次组织工作人员学习了审查用粮计划的方法,并组织专人重点检查各工作组核批用粮计划的工作质量。在开始制定 7 月份用粮计划时,又在全区进行了比较细致的复查工作。纠正了一些计划数字偏高偏低的情况,进一步提高了群众对核实供应工作的认识。如纳福胡同工作组调整一些偏高偏低户的计划后,原来计划合适、还想提高计划的杜老太太感动地说:"我过去太顽固了,老怕不够吃,总愿意富裕点。现在我也不要求多定了。"

按户制定用粮计划是一项艰巨的、复杂的工作。从开始宣传到定好计划的整个工作过程中,包含激烈的新旧思想、习惯的斗争。在这个斗争中,我们明确了必须依靠有组织群众的原则。机关、团体、企业、学校中有组织的人员占区内居民很大的一部分,对他们主要采取了以下两个办法进行动员:其一,按系统进行动员。我们曾召开机关、团体、学校、企业等单位负责人会议,要求他们除定好本单位的用粮计划外,并教育本机关的工作人员认真帮助自己家庭、亲友、邻居定好计划。同时,我们又分头向工人、机关工作人员进行了各种宣传动员工作,许多单位指定专人协助我们做本单位的家属工作。中国人民大学还专门成立了检查组,具体帮助他们学校散居在各处的家属宿舍定用粮计划。第一机械工业部第三局发现有些家属定计划偏高的情况后,行政处处长亲自到宿舍进行了动员,对定用粮计划起了很大的作用。其二,召集散居的工人、机关工作人员、学生开会,说明目前工作情况和遇到的困难,要求他们协助解决,并起模范带头作用。这些人同群众的日常联系密切,在群众中有一定的威信,他们对节约粮食的意义和定用粮计划的方法也比较容易领会和接受。依靠他们,工作中就可以获得很大的支援。东四区 20 个工作组都召开了这样会议。

为了在短期内完成这项任务,我们还发挥了居民委员会的作用。绝大多数居民委员的用粮计划在一般居民开始定计划以前就定好了,并已获得批准。他们一般都坚决拥护政府这一措施。在核批居民用粮计划的工作中,各个居民委员会在介绍情况、协助工作组审查计划、向居民进行解释动员及有重点地帮助算账等方面,都发挥了很大作用。在居民定用粮计划的最后阶段,有些居民委员会还专门召开会议,对少数不肯切实定好计划的户进行动员和评议。这样的评议会,教育了被评议的"难订户",也教育了周围的居民群众。

【选自《人民日报》1955 年 8 月 12 日】

重庆市有 31 万多户居民订出用粮计划

　　重庆市到 8 月 25 日止,有 31 万多户居民订出用粮计划。由于按计划用粮减少了粮食浪费,多数家庭的生活过得更好。官井巷街道办事处最近调查当地 279 户居民的粮食浪费情况,发现除 4 户仍存在浪费现象外,其余都从节约用粮中减少了不少的家庭开支,把节余的钱用来增购各种副食品,有的还添置了新衣服。枣子岚垭①居民王红成把从节约粮食中省出的钱给孩子做了新衣服,她说:"我才在两个月中减少了粮食浪费,小孩就穿得一身新,可见节约粮食对国家和个人都有好处。"

　　节约粮食使居民们受到了一次深刻的社会主义教育,推动他们更好地注意安排家庭的其他开支。居民们在订用粮计划时,根据全家的收入精打细算,把每月的开支统一作了安排,改变了盲目开支造成浪费的现象。若瑟堂巷居民朱崇秀家中人口多,收入较少,经常感到日子过得较紧。她家从节约用粮减少开支后,又注意从烧柴用煤等多方面节约,现在家庭生活显得宽裕了,孩子的学费困难也得到解决。玄坛庙居民委员会主任委员刘德芳,经常教育她的 4 个孩子爱惜粮食,现在孩子们吃饭时不再洒饭,不再剩饭。刘德芳家的良好习惯,影响同院 4 家邻居的十几个小孩也注意节约粮食。

　　重庆市发动居民订用粮计划是从 7 月底开始的。全市有 13000 多个街道积极分子协助政府在 1000 多个居民段中召开群众大会和居民小组会,展开节约粮食的宣传。许多家庭主妇在了解节约粮食的好处后,回去召开了家庭会议,对家人进行说服教育,共同讨论订出节约粮食公约和节约粮食计划。

【选自《人民日报》1955 年 8 月 29 日】

---

　　①　枣子岚垭:地名,位于重庆市江津区。——编者注

北京市鲁班馆第三居民区调剂粮食①

北京崇文区鲁班馆第三居民区，从八月份开始试行粮食定量供应办法。试行中需要解决的问题之一，是居民中有余户和不足户的相互调剂。

8月20日以后，住在后池西口五号的居民小组长于月琴，已经清楚地看到，按人定量供应粮食，多数户都够吃，有的人还有节余，有的人可能缺一点。《市镇粮食定量供应暂行办法》上规定，居民可以相互调剂。居民委员会开会，也总说要大家把这件事办好。于是她就想用这办法来解决组内的有余和不足问题。她盘算自己和丈夫合计一个月能买到73斤粮食，比七月份按户核实供应的数量多，自己吃不了，可以匀出七八斤来。她又想：居民小组就是咱的"互助组"，应该特别发扬互助友爱精神。自己是小组长，要想办法让本组缺粮食的能在本组内得到调剂，并争取有剩余调剂给别的组。

于月琴对自己住的小杂院挨户算了细账。这个小杂院共有6户。北屋王桂兰家8口人，买粮164斤，比七月份按户核实供应的数量多8斤，足够吃了，要是再精打细算，可以有节余。南屋张淑芳家，在家吃饭的是她和一个10岁的孩子、一个不到3岁的孩子，合计64斤粮食，也够吃了。

"就怕西屋李慧珍家缺一点。"于月琴帮着李慧珍家算了细账：李慧珍的在火柴工厂做工的大女儿和在纺织工厂做工的二女儿都不在家吃饭。她丈夫是化学工厂工人，供应定量是36斤；她和14岁的三女儿、11岁的儿子，都是28斤；8岁的儿子21斤；5岁的四女儿14斤；不到3岁的小儿子8斤。7口人合计163斤，她丈夫只休假日在家吃饭，带走31斤粮票，还剩132斤，这个数字同她家七月份实际用粮数比，是差一点。一顿一顿算到8月31日，还缺9斤。

于月琴又帮着东屋胡奎玉家算了细账：只她老两口过日子，不会有什么浪费。老头虽然已经60岁了，可是身体壮实，饭量大。两人的供应定量合计56斤，也差一点。

再就是南屋加工玻璃镀水银的手工业户张宝琴家，夫妻俩加上一个徒工，

---

① 原文标题为《北京市鲁班馆第三居民区是怎样调剂粮食的》。

三口人的供应定量合计 92 斤。徒工从 8 月 18 日起离开北京回老家去,还不用带粮票走,所以剩余十八九斤。于月琴想:这是临时性的剩余,但也可以暂时调剂一下。

于月琴把自己多余的粮食给了李慧珍家 4 斤,给了胡奎玉家 4 斤。张宝琴家自愿把多余的交居民小组统一处理。胡奎玉家已经没问题。李慧珍家,再由居民小组调剂给 5 斤。

于月琴的小组,共 45 户。在进行调剂中,有剩余的户,都本着互助友爱的精神调剂出了他们剩余的粮食。粮食稍感不足的户,在于月琴和其他邻居的帮助下算过细账,也都确定了需要调剂给的数目。调剂以后,这个小组还有剩余。

住在后池西街 16 号的朱长发已经 61 岁,邻居们叫他朱大爷。平日,他爱用"千日兵千日米"这句话给邻居们讲粮食的得来不容易。他看见谁家泔水桶里撒了米粒,他就提醒谁家注意;他看见谁家孩子把吃剩的馒头或窝窝头扔在院里,他就拾起来送回谁家去。他常说:"一粒米经过多少道手续,到了口边再要糟蹋,多可惜呵!"他是居民小组长。这次居民委员会开过关于粮食调剂的会回家那天晚上,他就打定主意:一定要把小组的粮食调剂工作做好。

朱长发住的这个小杂院也是 6 户。朱长发自己家里吃饭的老小三口,可以节余 4 斤,调剂给西屋宋淑贞家。他又想,只要注意节约,宋淑贞家也是够吃的,他告诉她:"可不能老指望调剂。"宋淑贞回答:"只要计划好,咱也会够吃。"到八月底,宋淑贞和她丈夫细算的结果,认为九月份他们可以不要调剂就够吃了。北屋油画工李贵田家三口人,定量供应 85 斤粮食,他只买了所需的 80 斤,还剩下 5 斤没买,就调剂给了隔壁王庆祥家。东屋何静池家,她丈夫不在家吃饭,只她和两个孩子,一个 5 岁,一个不到周岁。三口人的供应定量合计 50 斤,如果不浪费,只会多不会少。还有单人户王庆明,他自己说:"节省点,够吃了。"

朱长发这个小组,共 35 户。调剂的结果是这样:有剩余的 4 户,除了他家和李贵田家以外,还有后池西街六号王家和八号张家;不足的连他本院共 4 户。相互调剂以后,这个组还有剩余。

第三居民区的 16 个居民小组都是这样进行粮食调剂的。

在调剂粮食以后,李秀玲小组有剩余的 2 户,不足的 1 户,相互调剂以后还有剩余。不足的一户是刘开祥家,因为亲戚来往了十多天,缺 10 斤。李秀玲对刘开祥说明,这应该算临时性的调剂;如果他亲戚不来,或他亲戚住的地方也实行了粮食定量供应办法,他这问题就不存在。

刘慧芝小组后池西街十一号强德杰家多六七斤,自动调剂给了同院董家。再就是这同院北屋唐家缺一点,"找不到调剂的对象"。居民委员会把别组剩余的,调剂给了唐家。

第三居民委员会算了调剂的总账:调出和调入的两抵,还剩余186斤。当知道第四、五居民区还正在进行调剂时,他们就表示如果第四、五居民区需要,他们愿意把剩余的粮食调剂给这两个居民区。居民委员会的委员们说:这样相互调剂的办法真好,既保证了粮食定量供应办法的顺利实现,又发扬了居民间的互助友爱精神。

【选自《人民日报》1955 年 9 月 10 日】

浙江省人民委员会
关于城市街道办事处和居民委员会名称的规定的通知^①

主送：各专员公署，各市、县（区）人民委员会（人民政府）

抄送：省民政厅、中华人民共和国内务部

浙江省人民委员会通知

浙政办〔1955〕字第 9953 号

事由：关于城市街道办事处和居民委员会名称的规定。

关于城市街道办事处和居民委员会名称问题，现作统一规定如下，希按照执行：

一、城市街道办事处的称谓：凡是不设区的市人民委员会之派出机关者，均称××市××街道办事处；凡是市辖区人民委员会之派出机关者，均称××区××街道办事处。

二、居民委员会的称谓：市辖区的居民委员会均称××区××居民委员会；不设区之市的居民委员会均称××市××居民委员会；城镇（区）的居民委员会均称××镇（区）居民委员会。

浙江省人民委员会

1955 年 10 月 11 日

---

① 原文标题为《浙江省人民委员会通知（关于城市街道办事处和居民委员会名称的规定）》。

天津市工人新村办事处在人民代表
视察时提供的工作汇报材料①

一、本街的基本情况

自 1952 年民主建政以后,建立街办事处和居民委员会大部分是工人集中家属区,根据地区情况或自然环境成立 11 个家属委员会,2 个居民委员会,共选出积极分子 32 人。

全街共有 2030 户,8788 人,工人占 90%,干部、小商小贩占 10%。居民委员会和家属委员会有主任、治安委员、文教委员、卫生委员、优抚委员、房屋委员、公益委员、调解委员,一般委员会 9 人组成之。下设有居民组长干部,最大的居民区 440 户,小的 30 多户。

在这 13 个委员会中工作较好较突出的、干部较全的有两个委员会,建管处家属委员会、轮驳队家属委员会。工作较差、干部不健全的有搬运家属委员会和材料家属委员会。其他家属委员会工作表现一般化。委员会的干部内部按业务分工,外部按地区分片负责。

自建立街办事处以来,除搞本身业务以外,还要搞中心运动,如婚姻法、普法、总路线、宪法、粮食供应、动员盲目流入津市人口还乡生产等运动。

街办事处的任务:(一)上级交办的事项;(二)指导居民区的工作;(三)反映群众意见和要求。在搞中心运动中,结合本身业务工作。

二、在中心运动工作中

(一)在婚姻法运动中,首先向群众贯彻了婚姻法政策,召开各种不同的会议。在讨论座谈中有的老大娘提出保证,如石头房子黄大娘说:我以后保证给儿媳看管小孩,让她参加街道工作和学习,共同搞好家庭。如赵家地张大嫂说:要不是解放,我们哪有今天。通过实人实事宣传,群众思想觉悟性提高了。

---

① 原文标题为《人民代表视察工作汇报材料》。

如石头房子李大娘过去和儿媳吵嘴打架,限制儿媳参加街道工作,通过婚姻宣传已认识到自己的错误,并且提出要搞好家庭关系,还要鼓励儿媳参加街道工作和学习。

(二)在普选运动中,首先训练积极分子,然后利用组织力量进行宣传,经过宣传大部分群众明确了普选的伟大意义,人民当家作主,使用民主权利选好代表,再深一步地宣传,群众认识到选好代表,办好事。如建管处家属郝大娘说:这次选代表,国家建设和人民利益是分不开的,国家建设的越快,咱们的生活就越幸福,选代表可不能马马虎虎的,要认真使用民主权利。如建管处陈大娘说:这次选代表就是为了建设社会主义,这都是共产党毛主席领导革命胜利了我们才有今天,都是人民不怕流血牺牲而得来的权利,我们要认真选血肉相连的代表。

(三)在宪法运动中,在天新村管辖内群众都听了宪法的报告,组织群众学习讨论,大部分群众明确了宪法是国家的大法,是给建设社会主义打下良好的基础。如西庙村薛秀美说,我们国家有了宪法,社会主义道路上走有了保证,群众通过这一运动提高一步,同时认识到自己当家做主,叫我们人民来讨论宪法,我们要用实际行动建设祖国,积极地参加社会活动,做好"五好"工作。如建筑公司家属刘大娘说:"我们要尽自己的力量,以实际行动支援国家建设,积极地认购公债。"项秀兰说:"宪法已规定我们有权利也要尽义务,要遵守宪法,要做好政府号召的一切工作。"

(四)在认购国家经济运动建设公债的工作中,经过宣传,给国家积累资金,建设社会主义的国家,群众听了以后,纷纷认购,全街共认购5260元,不但在认购方面很好,在实购方面已完成83%。

如电力局家属提前三个月完成,以实际行动完成交给任务,早日完成第一个五年计划。如轿驳际家属60户认购了436元。在认购当中做好节约、精打细算,为了建设祖国,所以在实购当中按期完成了任务。如邓大娘自己结存好几年的洋钱拿出来,当月实购公债,并说早实购一天,国家早建设一天。

(五)在粮食定量工作中,在粮食办公室领导下,通过粮食定量工作,使广大群众认识到,粮食是建设社会主义巩固工农联盟的重要保证,从而提高了群众的爱国主义精神,并树立了节约粮食的良好习惯,因此群众一致拥护政府公布的粮食制度,为了建设社会主义,厉行节约,支援国家建设。总之,在此次粮食定量过程中,广大群众在政治思想上大大提高了;群众爱国热情加强,积极表示拥护政府的法令,遵守粮食制度,如轮驳队家属70户,每户都按天计划用粮,并提出"月初计划好,月底不缺粮"的口号,因此到月底没有一户粮食不够吃的,计划和制度已广泛实现。如浙江路10号白大娘说:政府号召一个运动都是为人民着想,我们坚决拥护国家的粮食制度,为了建设社会主义社会早日实现。

三、在中心运动工作中结合好办事处业务工作

(一)在卫生工作中,解放几年来大力发展街道宣传教育工作,从而使广大群众提高了卫生知识,并改进了环境卫生,在中心区工人新村内1200户人家在1953年春天建立了群众性的清扫制度,在每天早晨7点左右,群众都出来清扫街道,并且坚持经常化,并打扫得街道很整洁。如建管处家属委员会在卫生工作中比其他各个委员会做得更好,发动的群众又普遍,在1954年夏季卫生评选中被评选为全区卫生模范,并发给卫生奖状。卫生工作搞得好,从而减少了传染病发生。

(二)在文教工作中,在1953年建立了群众自办学校,政府领导,群众自办,并建立读报组54个,从而提高了群众文化水平和政治水平,领导群众学习,现有30%青年妇女参加了文化学习,以前不识字,现在能写信读报了,扫除文盲,建设社会主义社会。

(三)在拥军优属工作中,每逢过年过节进行全面地慰问军属,并经常给军属老大娘打扫卫生,了解军属,发现困难户及时解决。如军属何焕章家中生活困难,发现后,给该人儿子介绍了工作。如军属郭雅乡生活发生困难,政府给予临时补助,解决了生活问题。如西厂村赵家地的居民对拥军工作做得很好,如给部队拆洗衣服棉被、补袜子等,部队家属来了给找房子、借东西等,照顾得很周到。

在宣传解放台湾的时候,军属老大娘们都给儿女去信[1],鼓励他们努力杀敌。自己还要在街道上做好工作,响应政府一切号召。

(四)在1954年民政会议召开,明确街道工作为生产服务,特别是本街是工人集中家属,首先要做好"五好"工作——学习好、团结互助好、过日子计划好、照顾孩子好、卫生做得好。通过贯彻"五好"政策,效果很好。部分群众对"五好"做得很好。如新河修船厂家属潘大娘对"五好"做得很好,了解工人的

---

① 去信:方言,传递信息的意思。——编者注

生产情况,保证工人不缺勤,工人在下班休息的时候,潘大娘自己看着表,不叫工人迟到,每年也没缺过勤,也没迟到过;工人在生产当中找窍门,提高生产效率,并受到厂方的表扬和奖励;过日子计划好,工人开工资以后,潘大娘把一个月用的粮、油、盐、煤等计划好,每天做菜零花都有计划,每月节省的钱还要买有奖储蓄2元。潘大娘不但对自己孩子教育好,对邻居的孩子也照顾好。又如同院的石大嫂有病,小孩子无人照管,就由潘大娘来看管小孩。又如轮驳队家属张爱子生小孩,男人每天上班,家中无人照顾,就得工人请假来照管,同时该家属委员会知道这情况,并没有叫他请假,就由邻居帮助他家做饭料理家务等,发挥了团结互助的精神。张爱子的爱人很受感动,在生产当中很安心,生产积极性更高。

四、工作方法

在区人民委员会领导下,街办事处的作用:(一)完成上级交办的事项;(二)指导居民委员会工作;(三)反映群众的意见和要求。

在中心工作中和经常业务工作中首先召开街道干部会进行布置。在布置工作以前,因家属委员会受双重领导,首先取得有关工会在工作中的一致,再进行布置、讨论,明确后使用组织力量向群众贯彻。如较好的居民区,干部较强的,就大胆使用组织力量依靠群众;如居民区较差的,街办事处进行帮助传达。群众提出问题,召开专业会议,进行研究解决。

工人新村办事处

1955 年 11 月 25 日

内务部和财政部关于规定城市居民委员会经费开支标准的联合通知①

内财〔1955〕字第 22 号、财行范〔1955〕字第 166 号

根据《城市居民委员会组织条例》第 9 条关于"居民委员会的公杂费和居民委员会的生活补助费,由省、直辖市的人民委员统一拨发,标准由内务部另行规定"的规定,对于居民委员会经费开支标准,作如下规定:

一、城市(指中央批准设市的城市)居民委员会经费,系属补助性质经费,除应用于解决居民委员会办公所需的费用外,对实际参加居民委员会工作的居民委员中,有些积极分子,因参加委员会的工作而影响他们的生产,以致生活发生困难的,应该根据他们所担任的工作的繁简,耽误他们的生产时间的多少,生活困难程度的大小等情况予以适当补助,但不应作为定期的工资或津贴费发给。

二、居民委员会委员生活补助费的开支标准,以每个居民委员会每月平均不超过 15 元为限。新疆、甘肃、青海等省部分物价特高地区的居民委员生活补助费,可酌情予以增加,但最高以每月平均不超过 20 元为限。

三、居民委员会公杂费,以每个居民委员会每月平均不超过 5 元为限。主要用于居民委员会工作上所需的文具、纸张、杂志等开支。

四、居民委员会的经费,由省、自治区、直辖市人民委员会统一拨发,在地方预算的行政管理费支出乡镇行政经费项下列支。

希望查照并转知执行为荷。

内务部　财政部

1955 年 12 月 21 日

---

① 原文标题为《关于规定城市居民委员会经费开支标准的联合通知》。

杭州市关于街道办事处工作情况的调查报告(草案)

　　我们自 6 月 15 日开始,有重点地对中城区的岳王路、马市街,上城区的城站、城隍山,下城区的忠清巷、武林路、体育场路等七个街道办事处,分别通过区人民委员会、办事处干部,派出所和居民委员会调查了解了工作情况和问题。对情况已作了讨论研究,兹汇报如下:

　　街道办事处自成立以来,工作是取得了一定成绩的。它承办了市、区人民委员会交办的各项有关的经常居民工作和中心任务。如去年的贫民救济评议、棉布计划供应、爱国卫生评模,今年的改进粮食计划供应、购买国家建设公债、动员参加农业生产等中心工作和经常事务,如社会救济、房屋检修、文教卫生、调解纠纷、开具证明等。这些工作深入贯彻,因而在解决居民生活困难,维护社会秩序,鼓舞居民的政治热情和生产积极性上都起了一定的作用。居民群众反映:"有了街道办事处,解决问题及时,路也少跑了。"居民干部也觉得有了政府经常性的帮助和支持,工作好做了。在此期间,街道办事处不但经常地指导居民委员会的工作,还积极整顿了居民组织,反映了居民的意见和要求,改进了政府的工作,使街道办事处和居民群众的关系更加密切,办事处的群众威信在日渐增长。通过将近一年的工作实践,街道办事处在积累工作经验,丰富工作内容,提高干部的工作能力上也有一定的提高收获。因此,我们认为,街道办事处作为区人民委员会的派出机构,对减轻区人民委员会的繁重事务,加强政府对街道工作的领导,进一步密切政府和人民群众的联系是起了很大作用的。

　　一、由于街道办事处业务和工作的全面开展,与各方面的工作接触已日趋频繁,加上前一时期中心工作多,特别是改进粮食计划供应后,工作任务是更加繁重复杂了。但随着工作的这种发展,街道办事处对自己的工作还未做出妥善安排,因此工作上还是存在着不少问题:

　　(一)街道办事处本身工作中存在主要问题是:工作缺乏计划,发挥工作主动性很差。表现在:不少街道办事处对区人民委员会交办的工作不能很好结合本地区实际情况作具体研究和统一安排;办事处主任对每一时期的工作很少通盘考虑,干部对自己的工作也就心中无数,一般都是上面抓什么,下边就做什么,不善于掌握每一时期的工作重心,中心工作与经常工作,不是中心工作多了挤掉经常工作,就是过多地照顾经常工作而忽视了中心工作的贯彻,两者不能密切结合;干部的任务观点也比较严重,工作中的研究精神很差,在经常通盘考虑工作、注意工作效果、相互交换情况、摸索积累工作方法等方面都还很欠缺;有的街道办事处很少开处务会议研究汇报工作,有的办事处主任布置工作很简单,几句话就交代完毕,如有个办事处主任在全体居民干部会议上,花了十多分钟,只说了几句口号("公债要完成""清洁卫生要经常"等)就算布置了三件工作,根本不做研究,布置后各人干各人的;目前街道办事处按"条条块块"相结合的工作方法是好的,但是相互联系很少,有些工作界限也还不够明确,在工作中方式方法简单生硬,且相互不了解,步调不能一致。街道办事处工作的这种忙乱现象致使各种制度十分松弛,如每天的碰头会议,每周的处务会议,半月一次的生活检讨会,以及月终总结等,多不能经常坚持执行,因此给办事处的工作纪律、业务研究、干部学习、民主生活等方面都带来了不良影响。有的干部经常迟到,甚至有在办公时间与爱人去逛马路,更严重的是健康路街道办事处主任姜殿宝竟至终日不办公;有的在办公时间打扑克,上午上街买小菜、烧饭、抱孩子、洗衣服、拖地板,下午睡到三时才起床,晚上有时坐茶馆听大书,习以为常;有的街道办事处甚至数月不开生活检讨会。工作忙乱的现象也影响了干部的学习和健康,如十五奎巷办事处给干部常树文一学期只上了两次文化课。有的办事处每晚都要工作到十时多,有的干部则经常得不到星期休息。这些情况说明,街道办事处工作中的忙乱现象还比较严重地存在,已给工作带来了很大的损失。以上是街道办事处工作中存在的主要问题。

(二)目前街道办事处干部思想较混乱,大致有下面三种表现:有的干部对工作的重要性认识不足,嫌机关小,不体面,认为工作不好搞,每天都是忙些具体琐碎的居民工作,对自己的帮助不大,进步不快,没有前途,物质条件又差,因而不安心于自己的工作。如有的干部说:"假如不是为人民服务,给我多少钱也不干。"表现在工作上,仅是一般地应付,很少系统考虑工作和钻研业务,所以在内部制度上和工作上的混乱情形一直没有解决。同时也有很多干部因本身文化水平低,工作能力差,加之业务学习不够,因此觉得当前工作难以应付,缺乏搞好工作的信心,认为"工作越做越多,越多就做不好"。这次我们下去了解,有的干部对当前工作既忙又乱,有些牢骚情绪。有的主任说:"这个机构没有用,干脆撤销算了。"还有的则是等待调动,不积极领导搞好工作。个别办事处还存在着不关心群众疾苦及较严重的官僚主义作风和违法乱纪现象,如有的办事处对救济户说:"你们将东西卖完以后,再来请求救济好了。"有的说:"你这样穷,为啥还要养这许多小孩子呢?"弄得救济户将小孩丢了。有的个别干部直到救济户跪在他面前,也无动于衷,竟用手去拉他的耳朵,对劳动人民的态度是极其恶劣,因此群众这样反映:"我宁可饿肚子,也不到办事处要求救济。"有的干部当居民来反映反革命家属贩卖粮食、违犯统销政策的重要问题时,竟只顾自己走棋,置若罔闻。应该特别指出的是,个别办事处主任长期存在着骄傲自满、功臣自居的错误思想和强迫命令工作作风,如上述姜殿宝,情况甚为严重。(我们已作重点了解,另附专门材料。)

以上这些问题虽仅系个别办事处与极少数干部,但已使工作遭受了很大损失,严重地影响政府与人民群众的关系,应引起我们的重视。

(三)没有充分发挥居民组织的作用。有的办事处只感到编制少,要求增加干部,但没有认识到教育居民干部,发挥他们的工作积极性是做好街道工作的关键之一。居民干部直接为居民办事,不仅可以减少办事处的一部分工作,而且由于他们更了解居民的情况,因此事情会办得更好。如中城区银铜桥居民委员会主任章安康说:"由于我们办事处布置工作明确,帮助及时,并能大胆放手,所以有些工作我们自己干了,不再去麻烦办事处。如本辖区有一个居民生病,我向办事处拿了张证明,直接送他去住院;又用群众互助方法帮助一个有六个孩子的困难居民孙乃勤修理了危险房屋。"但由于对发挥居民干部的作用认识不足,一般的办事处对居民干部只是单纯使用,在工作中具体帮助指导不够,缺乏进一步培养教育,因此影响了他们的工作积极性,改选后的工作热情也疲沓下来了。我们这次向几个居民干部做了访问了解,反映了不少的意见。如武林路办事处王惠芬同志说:"我们这里很少召开居民干部会议来研究业务、交流经验。"岳王路下兴中巷妇女主任洪萍反映,办事处对妇女工作领导很少,也没有开过会。这些问题,各办事处应迅速设法解决,否则工作是无法摆脱忙乱的。

(四)街道办事处为群众开具证明问题,至今仍未妥善解决,种类很多,情况非常混乱复杂。单就下城区 11 个街道办事处的统计,就有 50 种之多(见附表)。居民要证明的这样多,但办事处本身对证明的范围不明确,也很不统一,有的处开发,有的处不开发(如到农村去的粮食证明),有的这样开,有的那样开,不但混乱,同时亦有不少困难。开具证明之所以这样多,除了领导上规定的,或实际工作上需要的(如居民经营各种业务等)之外,有的业务单位也随便规定要证明,当居民来土产公司购买东西时,向居民说:"只要你们向办事处要证明来,要多少,卖给多少。"因此居民就向办事处要证明,要不到就对政府不满。类似情况还很多。根据这些情况,研究整理一下办事处开具证明的问题是很必要的。

(五)街道办事处与派出所的关系问题。目前一般是正常的,但从做好工作的整体观念出发来经常相互研究、相互帮助、相互尊重,统一步调,密切配合,还是比较缺乏的。有的街道办事处与派出所在处理某些纠纷时相互推诿,办事处认为属于轻微刑事案件,应由派出所处理;派出所则认为是一般纠纷,应由办事处进行调解。在整顿居民委员会组织工作中,江干区南星桥办事处和派出所竟在居民选举大会上为争夺一干部而互相争吵。办事处对干部说:"居民副主任兼治保主任。"而派出所对干部则说:"治保主任兼居民副主任。"弄得居民无所适从,影响很坏。有的干部间互不服气,互抱成见,如南星桥街道办事处和公安派出所各自收集意见,向上反映,而不是相互交换意见,开展批评来解决问题。由于双方关系不好,不仅影响到工作上的互相配合和生活上的融洽,而且也影响到居民干部与治保干部间的团结与工作的顺利开展。

(六)区人民委员会对街道办事处的领导,也存在着若干官僚主义作风。这表现在:向街道办事处布置工作不统一、不具体,交代政策及工作方法不够细致。如有的区人民委员会对办事处的工作仅每月总的工作计划中附带地提一句。如上城区改进粮食计划供应工作中就有9个办事处,供应办法不统一。对救济政策交代不够具体,因而办事处在执行上发生一些问题,布置工作时各个科室乱抓,主次不分。另外,区人民委员会对有些业务部门(如保险公司、人民银行、卫生所等)也缺乏严格控制,让他们直接向办事处布置工作,有的单位召开居民会议,也要办事处发通知,这就更造成办事处工作的被动忙乱。有的干部说:"我们是当通讯员的。"有的干部反映现在办事处的工作也有"上有千条线,下有一根绳"的趋向了。有的区在交代政策上也不够具体,因而使办事处在执行救济政策时有一些不同。

其次,区办事处的对工作满足于一般的布置,缺乏深入检查和及时帮助解决困难,对办事处请示的具体问题往往不能及时解决或含糊了事。如城隍山街道办事处在粮食计划供应时,供应办法和手续存在困难,曾几次向区粮食科请示,但没有得到解决,工作更加困难。为居民开具证明的问题,因上面没有规定,情况也是如此,不给证明居民有意见,给予证明又没有把握,因此两下为难。有的干部说:"上边不给解决,下边要吵闹,自己夹在中间受气。"所以不仅群众有意见,干部思想也苦闷。由于平时检查工作做得少,以致街道工作中的某些经验亦没有及时总结,有些工作上的缺点和问题,也得不到及时纠正和解决。

官僚主义还表现在政治思想领导薄弱,干部的政治思想教育工作长期被忽视。对干部一般是使用多、培养少,批评多、表扬少,对干部的思想情况和问题不了解,或者了解了不加解决,因而不少干部存在着资产阶级个人主义思想,责任心不强,不安心工作,计较个人得失,不关心群众疾苦的思想作风和内部不团结的现象,都得不到及时的批判和教育;个别干部的作风漂浮,强迫命令作风和打骂群众等违法乱纪行为,亦不能及时纠正。

此外,对办事处干部的政策业务学习抓得不紧,或者根本没有抓。有的区虽有业务学习计划,但未能认真贯彻,因此干部的业务水平及工作能力提高不快。所有这些都有碍工作的开展,也影响着政府和人民群众的联系。

二、根据调查的情况,我们认为街道办事处的工作今后应从以下几方面去改进:

(一)各区人民委员会应加强对街道办事处的领导,根据目前街道工作中存在的问题,必须:

第一,加强统一的领导。每月的工作应由各业务科室联系有关部门提出意见,共同研究,统一安排,拟订出切实可行的月份工作计划。遇有中心工作应妥善安排贯彻,严格控制其他单位直接向街道办事处布置工作,以免领导多头,引起工作上的混乱。

第二,必须重视检查工作,区人民委员会形成定期听取汇报,检查和总结工作的制度。区的各业务科对街道办事处的各项经常工作,如社会救济、粮油供应等,应经常深入了解情况,发现问题,及时帮助解决,对街道办事处的业务作具体的指导。目前有的区光抓中心工作而忽视对经常工作的领导,是不对的,应当迅速纠正。

第三,必须加强对业务学习的领导,在安排工作时应予强调在时间上给予保证,并应按"做什么、学什么"的原则,有组织有系统地排定课程、建立学习制度。上城区的业务学习是按中心工作和经常工作相结合的上业务课的方式进行的,其他各区可视具体条件研究仿效。我们认为这样组织领导,是能够解决一些工作问题和提高干部工作能力的。

第四,大力加强政治思想领导,增强干部的团结。区人民委员会应结合工作总结进行表扬和批评,及时批判,克服干部中存在的资产阶级思想和纪律松弛等现象,对某些作风恶劣乃至违法乱纪、丧失立场的干部应及时进行处理。

此外,对干部的物质生活、身体健康情况应加以重视、关心和照顾。

(二)我们认为街道办事处的工作特点是:直接为居民办事,工作多而零星具体,搞不好就直接影响到政府与居民的关系。所以办事处应根据这样的特点来妥善安排工作,明确分工,密切配合,并建立经常性的业务研究等制度,才有可能搞好工作,否则就很容易陷于被动混乱的局面。

每月工作的安排,应根据区人民委员会交办的任务,结合本处的具体情况,通过处务会议研究,分清主次缓急,制订每月工作计划,同时对每周工作,也还要具体研究工作重点,统一步调,使每个同志心中有数。只有这样才能逐步克服工作中的忙乱现象,才能主动开展工作与进行各种学习。

我们认为"业务分工、地区包干"的工作方法,还是适合于办事处工作特点的。"地区包干"是指:应在本地区内具体负责贯彻中心工作,指导居民委员会的各项工作和对群众进行思想教育,以及经常了解、收集社会反映等。"业务分工"主要是:制订业务工作计划,掌握计划的贯彻执行情况;加强对居民委员会的业务指导,并注意培养居民干部的业务能力;处理地区包干干部在指导居民委员会工作中不能解决的有关业务问题。如优抚评模、危险房屋检修等工作。具体的工作计划与工作步骤,由业务分工干部制订,并全面掌握每一阶段的贯彻执行情况,如有困难,由负责地区的干部督促检查,予以协助。社会救济工作,地区包干的同志负责了解情况,开好小组评议会,而救济标准则由业务分工同志具体掌握审核。这样明确分工、密切配合才能保证各项任务有条不紊地顺利进行。

建立与坚持执行多项制度是做好工作的保证。因此,首先,办事处必须认真建立各项制度,每天碰头交换当天情况,确定明天的工作;坚持每周一次的业务会议,研究工作。交换情况做到充分讨论,发挥集体智慧。这样就能防止工作上的片面性,使同志间互相熟悉全面业务,明确政策,便于贯彻执行。其次,每半月召开一次生活检讨会,开展批评与自我批评,及时纠正克服工作中的错误、缺点与思想问题。第三,按月总结全面工作,注意总结经验体会和教训,找出改进工作的关键等。只要能建立并执行贯彻这些制度,对工作都是有很大帮助的。

(三)加强对居民委员会的指导工作,充分发挥居民干部的作用,是做好街道办事处工作的重要关节之一,而指导居民委员会的工作,我们认为要从下列几点着手:

1.开好居民干部会议,根据办事处的工作计划布置任务。布置时力求具体说明工作的意义、政策和具体做法,并引导大家讨论提出意见。也可以统一思想认识,统一步调,使布置的工作更切合实际,同时还应根据居民群众的具体情况,适当安排各种会议的流动时间。如有中心工作或政治运动,也应临时妥善安排,防止因会议过多影响群众的生产及身体健康。

2. 由于居民干部有不少是家庭妇女,本身有家务,而且缺乏工作经验和办法,因此,在布置工作后还必须具体帮助她们进行工作,如开会研究专门业务问题、汇报工作情况、交流工作经验等,提高其工作能力和业务水平,使她们能更好地完成任务。

3. 加强对居民干部的思想教育,并注意发现与培养新的积极分子。居民干部和积极分子大多是积极热情的,但也有一部分人是抱着各种不同的个人动机来工作的,因此,思想情绪往往就不正常。有些工作时间较久、能力较强的,认为自己"有一套",因而表现自满,脱离群众,彼此嫉妒,影响工作和团结;有的能力较差的,则表现缩手缩脚,□□□□工作。对这些形形色色的思想,必须通过各种方式,如座谈会、读报、个别谈话等方式进行教育,弄通思想,才能使他们更好地工作。同时还必须注意,居民干部和积极分子,常因迁移、就业、家庭经济情况变化,以及怀孕生育等原因不能担任工作,影响工作进行,因此街道办事处就需要经常注意发现和培养新的积极分子,作为开展工作的后备力量。

(四)对街道办事处工作中两个具体问题的意见:

1. 在工作上必须与派出所密切配合,互相尊重,互相支持和帮助。根据城隍山街道办事处和派出所关系的经验,由于他们经常交换意见,在贯彻中心任务和进行日常工作时都事先协商,取得意见一致,妥善安排工作,并经常交换情况,反映意见,互相帮助,密切配合,因此完成任务就较好。我们认为办事处可将月份工作计划,抄送派出所,有关重大工作、中心运动,派出所与办事处主任应事先根据上级的指示进行研究,求得意见一致,制订工作计划,然后召开派出所和办事处全体工作人员会议,进行传达,布置任务,提出进行工作的要求、步骤,以达到统一思想认识,统一组织力量,分工负责,全力以赴投入工作。

2. 关于为群众开具证明的问题,各区人民委员会可按今年三月份市建政办公室《关于街道办事处为群众开具证明中存在的紊乱情况及今后改进意见》研究执行,帮助办事处明确规定几条界限,并严加控制。

1955 年

杭州市关于街道办事处为群众开具证明中
存在的紊乱情况及今后改进意见^①

街道办事处为全市各机关、团体、学校、企业等部门因工作关系开具之证明种类繁多,仅行宫前、岳王路、横河桥三个街道办事处初步调查,群众因各单位需要,要求街道办事处所开之证明即达 38 种之多,其中有关于证明居民身份、家庭经济情况,申请减免学杂费,出卖私有财物,减免税收,申请补助、贷款,买鸡糠、买糖、买酒等情况颇为复杂。其中有的证明是无须开具的。如军属到邮局去领汇款,邮局要办事处证明领款人与汇款人关系,方准其领款。合作社调换社员证,而合作社一定要证明是社员才调换。有的居民将五万元(旧币)票额人民币撕破了去人民银行兑换,银行一定要办事处证明其撕破原因才给予兑换。像这些证明都是没有必要的;有的各单位可自行解决而不必办事处证明的,如机关干部、企业职工向其原单位申请补助等,应由其本单位研究解决,不必办事处证明。也有的是街道办事处难以了解情况和难以证明的。如有的居民要把鸡带到外地去送人,即要办事处证明其确是送人,不是贩卖;有的居民遗失了营业许可证及其他证件,申请补发,要办事处证明确是遗失;有的居民把镍币拿到上海去出售,要办事处证明镍币确是私有。诸如此类情况很多,这些都是街道办事处很难予以证明的。因而给群众增加了许多不必要的麻烦,也占据了街道办事处不少工作时间,影响了正常工作的进行。

街道办事处为群众开具证明所以紊乱的原因,我们认为主要是由于有些单位单纯地考虑本身工作方便,把索取证明作为自己了解情况的主要工作方法。其次是由于我们对街道办事处开具证明的职权未作明确统一的规定。为了纠正上述紊乱情况,对开具证明工作提出如下意见:

一、凡属户籍、居住迁移、身份及政治历史情况,以及购买特种器材(如购买无线电灯泡)等证明均由公安派出所办理。

二、机关干部及厂矿企业之职工向其所属单位申请有关福利事项所需之

---

^①　原文标题为《关于街道办事处为群众开具证明中存在的紊乱情况及今后改进意见》。

家庭情况的证明应由原单位负责办理。

三、下列证明可由居民委员会负责办理:

1.居民出售自用物品或自用物品运往市外者;

2.私营工商业闭歇在 6 个月以上,出售存货,申请免缴行商税者;

3.居民车辆因故停驶,未办手续,申请免缴车辆使用牌照税者;

4.摊贩减免营业税在 50 元以下者;

5.其他零星证明,如购买鸡糠等。

四、街道办事处负责开具下列证明:

1.上级政府规定应由街道办事处证明者;

2.居民因生活、福利问题与市内各机关、团体及其他单位联系或交涉所需家庭经济情况之证明;

3.学生申请减免学杂费者;

4.居民自养(三个月以上)自食自宰之家畜,免纳屠宰税及自有自用房地产减免房地产税者;

5.摊贩减免营业税在 50 元以上者。

上述意见仅限于现有材料,以后各办事处如发现可证明可不证明发生新的问题时,办事处应从群众利益设想,先予证明,如无法证明则应耐心向群众解释不能证明的原因,并立即将情况向区府反映,以求得进一步研究解决。各有关单位今后未经市、区人民政府同意不得擅自规定要街道办事处开具证明。

1955 年

杭州市街道办事处建立的过程

一、杭州市自 1950 年成立居民委员会以来,在协助政府推行各项政策法令,贯彻各项政治运动,解决居民公共福利方面起了一定作用。但由于过去各市、区人民政府在街道中未设有派出机关,对居民委员会缺乏统一的领导,一切对居民的行政工作,都由公安派出所兼管,但派出所也由于本身业务繁忙,监管居民区不仅是力量所限,而且也分散治安工作的力量,因而在贯彻政府政策法令、反映居民意见和要求方面都显得非常不便。随着城市各项建设事业的迅速发展,城市居民的各种计划供应、优救福利、治安保卫、文教卫生、调节、妇女等方面的工作,也经常出现新的情况和新的问题。鉴于以上情况,杭州市人民政府经过长期的调查、研究、试验,做出在城区建立街道办事处的决定。于 1954 年 8 月分别在各城区以公安派出所辖区建立 47 个街道办事处,计:上城区 9 个、中城区 9 个、下城区 11 个、江干区 8 个、拱墅区 5 个、西湖区 5 个。(其中西湖区 5 个街道办事处因居民较少,公安派出所力量较强,街道办事处将于今年 6 月份撤销,一切街道工作仍划归派出所办理;拱墅、江干 2 个水上办事处,因经常工作较少,建立后即行撤销。)现有街道办事处 40 个,建立的过程如下:

(一)成立街道办事处干部训练班,调集街道办事处干部 169 人组织学习,提高干部对街道工作的重要意义的认识,明确办事处的性质、业务以及办事处的业务范围和各方面的关系。为建立街道办事处做好组织准备和思想准备。市、区人民政府分别成立建政办公室、建政工作组,负责办事处建立的指导工作。

(二)配备办事处干部,以公安派出所辖区建立机构,与群众见面,在派出所协助下召开辖区居民干部会议,宣布街道办事处的正式成立。

(三)办理交接工作,由区府民政、劳动、教育、卫生等科及区人民法院、公安派出所等有关单位分别准备材料,向办事处移交,建立工作业务。

(四)街道办事处内部进行分工,建立工作制度,根据区人民政府的布置,开始进入经常的工作。

街道办事处的工作人员,一般是 4~5 人,其中主任 1 人,办事员 3~4 人,工作的分工是设内勤 1 人,主任全盘掌握,其他分工是采取条条(业务系统)块块(居民区范围)相结合的分工。

二、街道办事处成立以来,在区委和区人民政府的正确领导下,在贯彻党和政府的政策法令,反映居民的意见要求,替群众解决一些实际问题等方面都起了显著的作用。

(一)广泛深入地贯彻党和国家的政策法令,在贯彻统购统销工作方面:

1. 如粮食工作,从改进粮食的计划供应、节约粮食到粮食定量供应,进行了一系列工作。粮食定量工作开始以后,进行宣传动员,调查了解,划类分等,使国家能更正确掌握用粮计划。最近街道办事处还对粮票多余户和粮票短少户进行集体调剂,动员说服少数的粮票多余户将多余的粮票上交办事处,调剂少数用粮不够的居民,使这一措施基本上做到人心安定,秩序良好,供应正常。

2. 在棉布供应计划上,除全面发放两年(1954 年、1955 年)的布票外,对棉布券也进行了调剂,如动员群众按家按户算细账,合理地安排用途,根据上城等 5 个城区的统计,调剂布票 17 万丈,弥补机关、工厂职工的不足。

3. 在调解工作方面,及时调解居民间家庭纠纷、房屋纠纷和债务纠纷等。据下城区一个办事处统计,1—9 月份调解纠纷案件就达 160 余件,有的多年未解决的纠纷案件也解决了,同时还充分发挥居民调解组织的作用。如该辖区调解组织在 1955 年第一季度中及时解决了民间纠纷 43 件(一般口头调解除外),而调解不了的移送办事处处理的仅 3 件,在同一时期法院只受理该辖区 2 件纠纷,大大减少了法院的收案,也大大加强了人民内部的团结。如浙江麻纺厂男工王火木因家庭纠纷,其妻左凤云企图吞服火柴头自杀,由于及时调解,夫妻和好如初。中山北路 412 号居民杜阿毛和叶迁阳,存在多年成见,经过办事处调解也和好了。

4. 优抚方面,优抚工作,全面核对登记烈军属,进行分类排队,建立卡片制度,使工作上能掌握情况,有计划地解决烈军属存在的困难。

5. 在社会救济工作上,贯彻群众性的评议核定,纠正了救济不当的偏向。如永宁街居民干部反映:"过去穿毛货的人也要救济","五福里 34 号长期救济户邵维馨停止救济以后,生活至今也没有发生问题"。对困难户还贯彻了生产自救的方针,在今年各街道办事处就组织贫苦的烈军属、城市贫民学习打花边,全市统计约有 1200 人,其中已有 600 余人投入生产,每月最高的有 7~8 元收入,解决了部分困难。同时还协助劳动部门动员人民参加农业垦荒,仅打枝巷一个办事处先后就动员 63 人参加农业垦荒。

6.在房屋修缮工作方面,对私有危险房屋进行调查,督促和动员房主进行修理,据4～5月统计,由办事处督促修理的全部危险房屋就有1226间。

7.在文教卫生事业方面,组织居民业余剧团,出刊黑板报,向居民进行宣传。动员居民参加业余学校学习,使无固定工作的职工、职工家属及其他劳动人民有机会受到教育。根据下城区的统计,1955年上半年的入学人数就比去年上半年增加将近700人。

8.在卫生工作方面,向群众进行爱国卫生的教育,改善环境卫生。如健康路街道办事处领导居民组织突击队,疏通西健康路的阴沟,挖出淤泥几吨;忠清巷辖区普遍建立清洁卫生制度,规定每天扫两次,养成了居民清洁卫生的良好习惯,因而也大大减少了疾病的发生。据下城区统计,以伤寒为例,今年1～7月份的发病率较去年同期减低63%。一年来,办事处除了本身的经常业务外,还协助贯彻中心工作的宣传将近20余次。如棉布统购统销、1954年国庆节宣传五四成就、改进粮食计划供应、节约粮食、以人定量供应、认购公债、发行新人民币、一定要解放台湾、反对使用原子武器、打击刑事犯罪、夏季卫生、第一个五年计划等宣传。

(二)及时反映群众的意见和要求,给群众解决了一些切身的实际问题:

如拱墅区茶亭廊办事处帮助生活困难的居民找生产出路,主动与食品公司、农林厅机械修理厂等部门联系,在去年办事处成立后的一个月中,就介绍82人做临时工。救济户阮爱母冷天无棉被,办事处发现以后及时给他棉被,使他度过严冬。忠清巷有两个小学生,因缴不起学费致中途停学,办事处就主动与学校联系,准予分期缴学费,使这两个学生得到继续求学的机会。在解决居民公共福利方面,如中山北路贯桥一带的居民吃井水,终年吃不到清水,办事处及时反映给卫生部门后,用水泥修理了井底,现在已能吃到清水了。滑家弄、柳营巷、池塘巷的阴沟阻塞,遇到大雨,不能行走,办事处反映给有关机关后即进行了修理。在工作上也给群众带来不少方便。如失业人员领救济,过去经办事处调查证明送到区劳动科,手续繁,一个礼拜才能领发一次,移到办事处办理后,不仅手续方便,而且随时可以领发。又如办理婚姻登记,过去工厂工人要请半天假到区里登记,现在交办事处登记,下班以后去登记也能够赶得及。群众反映说"有了街道办事处,问题解决又快又及时了"。有的居民干部反映:"政府好像是远亲,办事处好比近邻,照顾困难,商量办事,远亲总不如近邻。"

(三)指导居民委员会,加强居民区工作:

办事处成立后对居民区进行全面系统的整顿,改变了过去居民区的组织多、兼职多的紊乱情况,基本上达到了纯洁与健全居民组织的要求。通过居民委员会的改选还涌现出许多新的积极分子,加强了居民工作。如下城区滑家弄居民区改选前,居民干部之间不团结,工作上闹派别,干部写无头信互相检举,改选后,进行团结教育,明确分工,建立各项制度,工作上大有转变。去年11月份的爱国储蓄工作,从原来的储蓄额33元增加到178元。在爱国卫生工作上又被评为区的模范单位。

居民委员会经过整顿以后,全市共有416个居民委员会(其中上城66个、中城94个、下城129个、江干82个、拱墅26个、西湖19个)。

三、做好街道工作的几点体会:

(一)街道办事处是人民委员会的派出机关,它的工作的主要对象是居民群众,因此深入联系群众,依靠群众,是做好街道工作的重要一环。各项中心工作及有关居民的工作,一般通过居民干部去贯彻,群众的意见和要求以及存在的问题,一般也通过居民干部及时反映上来,因此办事处的工作首先要依靠居民干部。如忠清巷贯彻每一项中心工作,首先是召开居民干部会议,详细讲清政策,交代做法,在进行工作时又及时帮助解决工作上存在的一些困难,工作结束后及时报备。因此,工作开展得就较深入。如粮食定量以后的集体调剂工作,是一个很细致复杂的工作,办事处干部就反复向居民干部交代,对粮票多的要耐心说服教育,发扬团结互助,动员将多余的粮票调剂给缺粮的人家。对缺粮票的人家要帮助其算细账,定出节约计划,克服困难。其次,街道中的失学社会青年也是做好工作的主要力量,他们的工作热情高,接受新事物快。如打枝巷办事处就运用青年自学小组的力量,在粮食定量工作上突击了三个通宵,使工作顺利完成。其他如房地产普查、动员青年参加义务劳动,一般也依靠社会青年去进行,收到的效果良好。

(二)各区应加强对街道办事处的领导,首先是加强对街道办事处的政治思想领导。如街道办事处初成立,干部思想紊乱,认为街道工作无出息,街道工作事务琐碎,不安心现有工作,区针对这一思想进行教育,以提高干部对街道工作的思想认识,克服干部中不安于街道工作思想。其次是加强干部的业务学习,提高其政策业务水平,在布置工作上要层层控制,统一安排,区属各科室的工作由区府办公室根据轻重缓急,订出计划,统一布置街道办事处,各单位向办事处布置和联系工作,未经区府同意,不得直接与街道办事处接洽,这样可以避免工作紊乱的现象,使工作有计划有步骤地进行。再次,区对办事处应加强督促检查,定期召开主任会议报备工作,总结经验,在实际工作中交流工作的方法,对于街道办事处在工作上、思想上所遇到的困难,区应及时帮助给予解决。

（三）做好街道工作必须获得公安派出所的密切配合和支持。如上城区城隍山街道办事处与派出所关系搞得很好,平时工作上双方都主动联系,派出所同志到居民区工作,就注意结合了解居民的生活情况,发现有困难需救济的居民,及时反映给街道办事处研究处理;群众发生纠纷前来要求调解,办事处同志因出外工作,派出所同志即主动帮助调解,从不推诿。办事处方面在进行工作时也结合各种会议宣传防火、防盗、防匪、防特等治安业务;遇到突击保卫任务时,办事处亦积极参加值班和巡逻。在召开街道居民群众会议,处、所之间能事先商量联系,做好妥善安排。如办事处开会布置卫生工作,派出所开会宣传户口制度,由于双方事先取得联系,就在一次会上解决,这样既避免会议重复,又便利群众,因而使各项工作开展较好。

（四）街道办事处指导居民委员会的工作,必须根据居民委员会组织条例,帮助居民区建立和健全各项制度,帮助居民干部改进工作方法。如通过居民委员会的整顿以后,克服了兼职多、工作忙乱的现象,贯彻了分工协作的工作方法。吴牙巷居民区在改选以前,居民区卫生委员对卫生工作过问很少,改选后热心卫生工作,制定环境卫生的经常制度,动员居民区每日按时打扫环境卫生,从不注意卫生工作到树立良好的卫生习惯。在布置工作时,应详细讲清政策,交代做法,解决居民干部在工作上存在的具体困难,并应对工作表现好的给予表扬,以鼓励工作情绪。

1955 年

1956

内务部民政司要求做好城市居民工作①

一、为什么要成立居民委员会

1954 年 12 月 31 日,毛主席发布命令,公布了《城市居民委员会组织条例》。这个条例指出:成立居民委员会是"为了加强城市中街道居民的组织和工作,增进居民的公共福利"。

为什么要做好城市居民工作呢? 这就必须认识居民工作的重要性。我们知道,做好居民工作,不仅对城市居民的日常生活有利,而且能有力地支援社会主义建设和社会主义改造事业。比如街道卫生搞好了,居民的健康增进了,就可以使职工减少病假缺勤;职工家属工作搞好了,就可以减轻职工的家务牵累,更加提高生产热情;群众性的治安工作加强了,就使反革命分子没有藏身之所,保障城市各项建设事业的顺利进行;宣传动员工作做好了,政策、法令深入贯彻了,就可以大大提高居民群众的社会主义积极性,使他们紧密地团结在党和政府的周围,共同为建设社会主义而奋斗。

各城市建立居民委员会的经验证明,居民委员会这一组织形式,是适合城市居民工作的发展需要的。它有着以下几方面的好处。

(一)居民委员会能够把城市居民更好地组织起来

城市社会主义改造的高潮已经到来,城市里的街道居民,部分已经参加或者就要参加某些固定的组织单位,进行日常的活动;另一部分人,像家庭妇女、老年人和其他的人,一般是经常在自己居住的地区分散活动的。随着城市社会主义改造事业的发展,后一部分人的社会主义觉悟也大大提高,普遍要求更好地组织起来,一起办理大家的事情,共同学习,一块进步。但是,过去我们在城市里建立的居民组织却存在着一些问题:主要是组织设的多,会议多,指挥多头;居民积极分子虽然忙得受不了,可是应该给群众做的主要事情,并没有做好,因而满足不了居民群众组织起来的愿望。

---

① 原文标题为《做好城市居民工作》。

各城市按照居民的居住地区成立了居民委员会以后，把原来居民群众的组织充实、统一起来，改变了过去的混乱现象；对原来居民中许多重叠繁杂的组织，分别实行简化、合并和撤销；居民委员会的委员大多数只任一职；居民委员和居民群众的会议随着减少了；有关居民工作，也由区人民委员会或街道办事处统一指导，其他行政部门不再直接向居民委员会布置工作。这样，居民中的积极分子不再是"积极不起"，而是能够集中力量做好自己担负的工作，也能够"照顾家，不耽误做活"。居民群众找居民委员会办事、提意见也感到十分方便。就是政权机关指导居民工作，也比以前便利。这些情况说明，运用居民委员会这一组织形式，就可以把街道居民更好地组织起来，使各项居民工作加强。

（二）居民委员会组织居民共同解决群众本身的福利要求

居民群众的福利要求是多方面的。随着社会主义建设事业的发展，居民生活的提高，居民在生产、生活和学习等方面的要求，也一天比一天增多起来。比如解放前很难"糊口"的居民，现在生活改善了，他们对文化、教育和卫生等方面的要求就增长了。各城市成立了居民委员会以后，进一步发挥了居民群众的集体力量，就能很好地解决这些不断增长着的居民福利问题。居民委员会把一些居民群众自身不能解决的问题，反映到政府有关部门，就能够得到帮助和解决。对于许多居民群众自身能够办理的事情，经过居民委员会组织大家来出主意、想办法、尽力量，就能解决得又快又好。比如辽宁省沈阳市太平街的居民委员会成立以后，一年当中只在卫生设施方面，就新建和修理了 382 个厕所，185 个渗水井，在街道、胡同里安上了 1585 个垃圾箱，还修理了许多吃水井。又如河南省新乡市新荣街，从成立居民委员会起，一年当中就组织了 106 户贫民，参加了长期性的生产组，吸收了 92 户贫民，参加了临时性和季节性的生产组，提高了居民的生活水平。

（三）通过居民委员会能够进一步密切政府和居民群众的联系

国家进入社会主义建设时期以来，市、市辖区人民委员会的任务越来越重，必须依靠广大群众的积极支持，在群众的协助和监督之下，来很好地完成各项任务；街道居民为了享受公民的权利，尽到公民的义务，大多数也都愿意在社会主义建设事业当中，逐步去掉资本主义思想影响，提高社会主义思想觉悟，并贡献出自己的全部力量。这就需要进一步密切政府和人民群众的联系。各城市成立了居民委员会，就能够适应这一客观要求。

首先，居民群众认识到居民委员会是自己的组织，有什么问题、意见和要求，都愿意向它提出，它也能够把群众的意见和要求，很快地反映给政府，使政府能够随时了解情况，得到群众的监督和支持，不仅提高了工作，并且改进了干部作风。比如辽宁省旅大市长兴街第六居民委员会，经常同市、区人民代表联系，搜集居民意见，在成立两个月中，把房产公司修理房子不及时、卫生队某些干部不负责、粮食供应调配上有缺点等问题，都反映给有关单位，得到了及时纠正，群众非常满意。

其次，政府通过居民委员会动员和教育居民，就能够深入贯彻执行党的政策和国家的法律、法令，推行各项中心工作，从而加强了对居民群众的社会主义教育。比如山东省青岛市社区在成立第五居民委员会以前，街道居民在各项政治运动和中心工作中，受到教育的约占 60%，居民委员会成立后，受到教育的就增加到 90%，使居民群众的政治觉悟得到普遍的提高。吉林省吉林市大东街第二居民委员会，贯彻执行了粮食计划供应政策以后，居民群众都注意节约粮食，像家庭妇女王静元的一家，每月平均节约粮食就有 20 多斤。陕西省西安市中山门街道办事处各居民委员会，在征集劳动力参加基本建设的工作中，接受了动员 115 人参加劳动的任务，由于居民委员们的积极动员，三天内就有 140 名居民报名参加。这都说明，居民委员会在加强政府和居民的联系上，起了良好的作用。

（四）通过居民委员会可以加强居民群众的团结

城市居民由于组织了居民委员会，便加强了相互的自我教育，树立了团结互助的新风气。邻居、夫妻、婆媳之间的一些小争执，通过居民委员会的调解，就能够很好地得到解决。比如江苏省南京市各居民委员会的调解委员会，一年内调解了 18000 余件纠纷；辽宁省鞍山市永乐街，过去每天都要发生三四起群众纠纷，成立了居民委员会以后，一个月里只发生 9 起纠纷。这样，就防止和减少了居民间的纠纷，也防止了犯罪行为的发生，减少了居民们进行诉讼所消耗的时间和精力，也使得居民群众加强了守法观念，并提高了劳动积极性。如山东省青岛市民众二院有一对夫妻，闹了两年半的纠纷，彼此生产情绪低落，经过居民委员会的耐心调解，两人言归于好，和睦团结，生产情绪都高涨起来。

（五）居民委员会能协助公安机关有力地镇压反革命活动

城市工业特别是重工业的发展，在我国社会主义建设中占着首要的地位，因此敌人极力要破坏城市各种建设事业和社会秩序。暗藏的反革命分子和某些拒绝改造的坏分子,往往隐藏在街道里,同特务互相勾结,加紧进行破坏活动。各城市成立了居民委员会,把街道居民很好地组织起来,就便于揭发和检举一切暗藏的反革命分子,协助公安机关加强群众性的防特、防匪、防盗、防灾的活动。比如江苏省南京市下关公安分局,就曾经收到许多起由各居民委员会的治安保卫委员所报告的案件;山东省青岛市济宁路居民委员会在打击流氓、盗匪工作中,检举了有关案件 40 件,在肃清反革命分子运动中,又检举有关材料许多件。这对于打击、消减反革命分子的破坏活动,肃清一切暗藏的反革命分子,巩固社会治安和革命秩序,都起到很大的作用。

从以上五方面可以看出:居民委员会能够把街道居民更好地组织起来,进一步团结、教育各阶层居民,来加强各项居民工作。做好了居民工作,对于增进居民的公共福利,密切政府同群众的联系,巩固人民民主专政,以及推进社会主义建设和社会主义改造事业,都有着重要的作用。所以,成立居民委员会是十分必要的,各城市街道居民委员会的组织必须加以充实和健全,工作必须更加提高一步。

二、居民委员会的性质和任务

认识居民委员会的性质和它应当办理的事情,不论对做居民工作的人或者一般居民群众来说,都是很重要的。

(一)居民委员会的性质是什么?

《城市居民委员会组织条例》规定,它是群众自治性的居民组织。这就是说,它同国家权力机关和国家行政机关的性质是不一样的。我们知道,居民委员会是城市街道居民在共同居住的基础上,自己组织起来,办理自己事情的组织。它的任务,只是在自己管辖的地区内,办理有关居民公共福利事项;向当地人民委员会或者它的派出机关反映居民的意见和要求;动员居民响应政府的号召并遵守法律;领导群众性的治安保卫工作;调解居民间的纠纷等。此外,根据它的工作任务,也可以经过群众讨论,通过决议和公约。但是,它不像市辖区、乡、镇人民代表大会和人民委员会那样,有权依据法律、法令决定本行政区内的一切重大问题,规划和管理地方各项经济、文化、教育事业。所以必须明确认识,但决不能代替政府行使国家权力。这里一定有人要问,居民委员会不是一级政权,是不是同人民团体一样呢? 我们说它同一般人民团体(如工会、妇联、青联等）也是不一样的。因为这些人民团体是为了解决工人、青联或是妇女群众的特殊利益的，而居民委员会却包括了城市街道中各个阶层的居民群众，办理同一地区内全体居民的公共福利事项。居民委员会同人民团体的性质虽然有所区别，但都是在中国共产党领导下的群众组织，都必须团结在党和政府的周围，遵照党和政府的指示办事，才不致迷失方向，才能把工作做得更好。

认识了居民委员会的性质以后，我们就可以了解它同居民群众的关系、它同城市基层政权和街道办事处的关系，也可以了解它应当用什么方式进行工作。

居民委员会既是群众自治性的居民组织，因此，居民群众就是居民委员会的主人。我们知道，居民委员会的工作人员是由居民群众选举出来的，他们都要对居民群众负责，他们不能担任职务时，居民群众还有权改选或补选；同时，居民委员会的工作又都是为了居民群众，并在居民群众的直接支持下进行的。这就表明，从居民委员会的组成到它的工作，都是由居民群众当家作主的。正因为这样，许多城市的居民们，便把居民委员会当作自己的"家"，有事没事也愿意来做一做，大事小事都愿意向居民委员会谈一谈，居民委员和居民群众真正打成一片，使居民工作能很好地开展起来。

由于居民委员会是群众自治性的居民组织，因而它同省、市辖区和街道办事处等国家行政机关，就不是上下级的隶属关系，国家行政机关不是直接领导它而是指导它进行工作，不能直接命令或指派它完成某项行政任务；应当由国家行政机关直接办理的一些工作，也不应该叫居民委员会去做，避免居民委员会负担过多的行政任务。同时，对居民委员会的工作人员，也不能像机关干部一样对待和要求。但是，这并不是说国家行政机关不可以向居民委员会布置工作，对于一些有关街道居民切身利益的事情，并且需要居民委员会办理的，不仅可以向它布置，而且居民委员会也应全力支持，协助政府完成。此外，对居民委员会通过、制定的决议和公约，如果与国家的法律、法令不符合时，行政机关也有权加以制止和纠正。例如有的居民委员会通过了在平日由居民轮流守夜打更的决议，这样会使群众疲劳，国家行政机关就要劝告和阻止它执行。又如居民委员会向居民筹款项的时候，也必须征得国家行政机关的同意，才能通过这种决议。因为经过国家行政机关的慎重考虑和审查，就可以避免增加居民群众一些不必要的负担。这样做，就使居民工作能更加切合居民群众的实际需要，保障这种群众自治性的居民组织的作用得到充分地发挥。

居民委员会的性质,也决定了它在居民群众中进行工作时,没有强制执行的权利,而必须依靠群众的自动性和政治积极性,启发群众自觉地进行各项工作。居民委员会的决议和公约,一般居民和居民委员会范围内的机关、学校和较大的企业单位都应当遵守,不应当有任何例外;但是,这些都是建筑在自觉遵守社会公德的基础之上的,对于没有很好地遵守和执行的居民,居民委员会不能强制执行或加以制裁。在必要的时候,也只能将这种情况反映到行政机关处理。居民委员会的工作人员认识了这一点,就要不断研究改进工作方法,端正工作态度,以便和居民群众一道,来很好地完成各项工作。

(二)居民委员会应当办理哪些工作?

从前面讲的为什么要成立居民委员会和它的性质里,就可以得到概括的了解,同时,在城市居民委员会组织条例中,也明确地规定了它的五项任务。这里对各项任务分别说明如下:

第一,办理有关居民的公共福利事项。这是居民委员会的一项主要任务,完成这项任务,一方面,要发动居民群众,用自己的力量解决可能解决的问题;一方面对不能自行解决的事情,要反映到政府有关部门处理,同时居民委员会也要积极协助。居民的公共福利事项范围很广,包括社会救济、组织生产、水电供应、居住安全、便利交通、卫生保健和文化教育等方面。有关社会救济、组织生产方面,要经常关心贫苦烈军属和贫苦市民的生产和生活,发动群众自觉地帮助他们解决困难,并且要随时向人民委员会或是它的派出机关——街道办事处,反映他们的情况,以便进行必要的救济,还要在行政机关的指导下组织生产自救。有关水电供应方面,在没有水电设备的居住地区,可以组织居民集体安装水表电表,或是反映给有关部门安装,或是采用其他办法,共同解决吃水、照明等问题;已有水电设备的地方,可以帮助建立合理的共同使用制度,设备破旧的可动员人力财力加以修缮,或帮助改进设备。有关居住安全、便利交通等方面,可以动员或帮助居民修缮私有的危险房屋,发动群众进行小型的修垫道路以及其他小型的公共设施。有关卫生保健方面,可发动群众搞好环境卫生,扑减蚊蝇,捕捉鼠雀,积极参加各种预防注射,采用新接生法,办理托儿站,建立一些必要可行的卫生制度等。有关文教方面,可以组织读报组、广播收听组,办理识字班,编写黑板报,举办小型文娱活动,组织看电影、参观展览会,等等。

有关居民公共福利事项的范围绝不只这几方面,每方面所列举的也不够完全,这里所提出的是各城市街道居民带有普遍性的要求。实际上,城市居民的福利要求,这个城市同那个城市不同,一个城市里这个区同那个区,一个区里这个街道同那个街道,都有所不同。居民委员会必须根据当地具体情况,明确福利工作的重点,积极主动地去做。

第二,向当地人民委员会或是它的派出机关——街道办事处,反映居民的意见和要求。居民委员会每天都同居民接触,联系最密切,居民有什么意见和要求,居民委员会也最了解,所以由居民委员会来担负这一任务是便当的。居民委员会在进行这项工作的时候,要注意做到两点:第一要快,不要积压群众的意见和要求,有的居民委员会将当天发生的事情,当天就反映上去,不叫它"过夜",这是完全应该的。第二要真实,对居民的意见和要求,必须经过调查研究,把情况弄清楚,具体地反映上去,这样才便于解决问题和防止在工作中发生偏差。

居民委员会反映居民的意见和要求,一般说来没有固定的范围。但是要着重反映居民对行政机关、事业单位的工作和干部作风等方面的建议和批评,有关公共福利而又是目前国家所能够举办的一些事业,以及居民对某项政策在具体贯彻执行中的反映,等等。个别的意见和要求不切合实际或是目前不易办到的,经过居民委员会研究以后,可以向原提议人加以说明和解释;但是,这种情况也应该反映到人民委员会或者它的派出机关。至于一些能够由居民委员会本身妥善解决的意见和要求,就可以直接加以解决,不必再作为一个问题向上反映。

第三,动员居民响应政府号召并遵守法律。国家颁布的法律、法令,居民委员会要及时地向居民进行宣传,使居民能够了解它的内容,并且能很好地遵守。在开展一个运动和进行一项中心工作的时候,要向居民讲清楚这个运动或中心工作的目的、要求是什么,发动和组织居民用实际行动来响应政府的号召。各地的居民委员会成立以来,在这方面做的工作很多,收效也很大。如各地居民委员会对居民进行了国家在过渡时期的总任务和宪法的宣传以后,居民的社会主义觉悟显著提高,明确了居民在社会主义建设事业中的作用,加强了守法观念和爱国主义思想。在粮食、棉布计划供应,征集补充兵员,反对使用原子武器签名运动,发行新人民币,节约粮食等工作中,通过居民委员会在居民中进行宣传和教育后,很多地区都胜利地完成了任务。有关以上各项工作中的政策、法令,居民委员会的工作人员和一般居民都能够自觉地遵守,同时也监督了少数不遵守的人,使他们能够和大家共同遵守。如辽宁省旅大市实行棉布计划供应的时候,在凭票买布以前,有些积极分子组织起来,分别到布店里对买布的人进行宣传,贯彻执行了棉布计划供应的政策。此外,由于群众觉悟的提高,很多群众对街道中某些人的违法行为,及时地向国家机关进行了检举,这样做是完全对的,今后居民委员会还应该更加做好这方面的工作。

第四,领导群众性的治安保卫工作。什么是群众性的治安保卫工作呢?根据《治安保卫委员会暂行组织条例规定》的精神,主要是组织与领导群众,协助公安机关进行防奸、防谍、防盗、防火;检举、监督和管制反革命分子,对反革命分子家属进行教育改造;对群众经常进行提高革命警惕、遵守公共秩序、维护社会治安的宣传等。但是,居民委员会不能行使公安机关的职权。比如对正在进行犯罪活动或是犯罪后立即被发觉的罪犯,对通缉在案的、越狱逃跑的或是正在被追捕的犯罪等,群众可以把他们扭送公安、检察或司法机关,但是不能对他们进行审讯、关押和处理;对非现行的反革命分子有调查、监视、检举、报告的责任,但是不能对他们扣押、搜查或取缔;对社会治安与管制工作,居民委员会的责任是,教育群众维护革命秩序,监督被管制分子劳动生产,不准他们乱说乱动,并向公安机关及时反映他们的表现等,但是没有拘留、处罚和驱逐的权利;对反革命分子进行破坏活动的场所,应当协助公安人员维持秩序、保护现场,以便公安机关进行勘察,但不得变更与处理现场;等等。

此外,居民委员会分工做治安保卫工作的人员应严格遵守如下纪律:遵守政府法令;保守工作秘密,不得泄露;站稳立场,不得包庇反革命分子;不得挟嫌诬告;不得贪污受贿;团结群众,帮助群众,不得强迫命令,借势欺人。

第五,调解居民间的纠纷。居民委员会组成调解委员会或分工做调解工作的居民委员会所进行的工作,是一种群众性的调解工作。根据《人民调解委员会暂行组织通则》规定的原则,它的任务是调解一般的民事纠纷和轻微的刑事案件;通过日常的调解工作,对群众进行法律、法令的宣传及团结和睦的教育;协助司法机关了解诉讼案件的有关情况,反映群众对案件处理的意见,等等。调解委员会进行调解工作的时候,必须遵照人民政府的政策、法令进行调解;必须取得双方当事人同意,不得强迫进行调解;必须明确认识,调解不是起诉的必经程序,不得因未经调解或调解不成而阻止当事人向人民法院起诉。调解委员会的工作人员还应该遵守以下的纪律:(1)禁止贪污受贿或徇私舞弊;(2)禁止对当事人施行处罚或扣押;(3)禁止对当事人有任何压抑、报复行为。有很多居民委员会遵照这些规定进行调解工作,都获得了显著的成效。相反地,不按照这些规定办事,就会损害居民的利益,引起群众的不满。这一点应当充分注意。

居民委员会的一切工作,都应当为城市生产服务,为社会主义建设和改造服务。做好居民的公共福利和治安保卫、调解等工作,都是对生产有利的,因而也是为生产服务的主要方面。但是,还要注意做好散居在街道的职工家属的工作,根据他们的情况和要求,更多地解决一些可能解决的问题,并且应当进一步紧密地配合厂矿生产,深入调查研究。发觉和充实居民工作为生产服务的具体内容,这应当是居民委员会今后工作的努力方向。

三、怎样组织居民委员会

为了符合居民委员会的性质和任务,在组织居民委员会的时候,应当根据便于体现党对居民工作的领导,便于联系居民群众,而又不使居民委员会的负担过重的精神来进行工作。

(一)居民委员会的辖区范围,宜小不宜大

街道居民互相多不熟悉,彼此生活条件和福利要求也不一致,居民委员又都是不脱离生产的,很难用太多的时间做居民工作。这些特点,决定了居民委员会的范围应当划得小一点。因为范围小了,各户居民住得邻近,便于互相了解,福利要求也比较一致,便于共同举办公共福利事项,居民的其他意见和问题,也容易向居民委员会随时反映,很快地得到解决;另一方面,居民委员会也便于同居民联系,在发动群众、推动工作时,容易全面、深入,并可减少误工误时,不至因做居民工作而过多地妨碍自己的生产和生活。这样,才能对职工家属和劳动人民参加居民工作,提供便利的条件。

居民委员会究竟多大才合适呢?根据什么标准划分呢?《城市居民委员会组织条例》规定:"居民委员会应当按照居民的居住情况,并参照公安户籍段的管辖区域设立,一般地以100户至600户居民为范围。"目前各城市按照这一规定整顿和成立的居民委员会,在户数上,大多数是二三百户左右,户数较多的也不超过600户;在地区上,因为是按照居民居住情况划分的,每个居民委员会的辖区多是方圆不大的一整块,一般地同一个公安户籍段的管辖区域相一致。有的城市对于过去划分得不恰当的公安户籍段,还结合成立居民委员会进行了调节。这样,就便于居民工作步调的统一,便于加强街道居民的工作。因而,从干部到群众都称这种小型的居民委员会"办事简便,开会方便","了解情况快,解决问题快"。

　　掌握了居民委员会辖区的划分标准以后,怎样进行划分呢? 这项工作要在整顿街道组织工作开始的时候,就把它做好。一方面要由政府有关部门的干部,根据居民居住情况和少数民族的分布情况,进行具体研究,提出划分意见;另一方面,还要同当地居民商量,征求他们的同意。因为居民委员会是群众自治性的居民组织,它的辖区就应当根据居民群众的意见来决定;也只有这样,才能使居民委员会辖区里的居民充分发挥团结互助的精神,在居民委员会的领导下,做好居民工作。

　　(二)居民委员会的组织,宜简不宜繁

　　过去有些城市的居民委员会组织庞大,层次太多,以致居民委员兼职多;各个组织重叠,彼此工作范围划不清,关系也搞不清楚;居民委员会进行工作时,层层向下推,工作拖拖拉拉。因此,群众反映:"解决一个问题,要经过四五道手续";宣传政府法令和贯彻居民委员会决议,经过一层便打一次折扣;居民委员会本身因委员太多,不是开不起会来,就是开了会也并不能很好地解决问题。这种种现象都妨碍了居民工作的顺利开展。因此,居民委员会的组织应当简化,以适应它的辖区较小的实际情况,使它进行工作便当、灵活。

　　(1)居民委员会下面,在一般情况下只设居民小组,居民小组下面不要再设其他组织。居民小组一般地由 15 户到 40 户居民组成。为了便于群众活动,每组户数要少一些;但也不能太少,户数太少了,居民小组的数目过多,居民委员会领导起来就很不方便。每个居民委员会所设的小组,最多不要超过17 个。至于居民小组的划分,也应当按照划分居民委员会的方法,根据居住情况、民族分布和群众意见来确定。

　　居民中的被管制分子和其他被剥夺政治权利的分子,应当编入居民小组。把这些人编进来,就可以加强对他们的管理、监督和改造,并且在举办一些公共福利事项,像清扫街道和其他环境卫生等工作时,能使他们参加,老老实实地来尽义务,但是,绝不能允许他们担任居民委员会委员、居民小组组长和工作委员会委员;在必要的时候,居民小组组长还有权停止他们参加居民小组的某些会议。

　　(2)居民委员会应当设委员 7 人到 17 人,由各居民小组推选一人组成。每个居民委员会下面,最多不超过 17 个居民小组,因此,每个居民委员会的委员最多也不超过 17 人。这样,居民委员会的委员少些,就便于随时开会讨论和解决种种具体问题,充分发挥居民委员会集体领导的作用。

为了便于居民委员随时了解居民情况,为了使居民找居民委员办事方便起见,居民委员会委员除了因被推选为正、副主任,选举他的小组可以另选组长一人外,一般居民委员应当兼任居民小组组长。因为居民委员兼任组长,分别负责一个居民小组,可以使居民委员会讨论、通过的决议更加切合实际,会后各居民委员可以把决议迅速地带到各居民小组,发动、组织居民用实际行动响应政府的号召,支持居民委员会的工作;居民群众的意见和要求,也可以就近向居民委员反映,由委员直接就提到居民委员会的会议上来,很快地处理。居民委员如果不兼组长,那么,居民委员要传达居民委员会的决议,或是群众要反映自己的意见和要求,都得经过居民小组长。这样进行工作反倒不便,往往拖延办事的时间。

(3)居民较少的居民委员会,一般不必设立工作委员会。有些城市的居民委员会,因居民较少,居民委员和副组长又有二三十人,便采取了居民委员按照业务和地区分工,领导居民小组分片进行工作的办法,对发挥组织力量和推动工作,起了很大作用。有的城市的居民委员会虽然居民较少,却设立了各种工作委员会,这样做的结果,不是居民委员会和居民小组变成"空架子",就是工作委员会不起作用,并且造成积极分子兼职多、会议多以及办事手续多的现象。当然,居民较多的居民委员会,如果工作确实需要,经过市人民委员会批准,可以设立常设的或临时的工作委员会。但是,常设的工作委员会,一般只设社会福利、治安保卫、文教卫生、调解等委员会,最多不要超过五个,临时的工作委员会,在工作结束时就应当撤销。设立这些委员会时,应避免使积极分子兼职过多,要尽可能地做到一人一职。

(三)选举居民委员会委员和居民小组长,要充分发扬民主,采取简便易行的方法来进行

《城市居民委员会组织条例》第四条规定,居民委员会每届任期一年,同时,居民委员因故不能担任职务的时候,还要随时改选或补选。这样做,可以加强和健全居民委员会的组织,所以必须做好选举工作。在进行选举的时候,应当充分发扬民主,反对少数人包办代替,要让居民群众充分运用自己的民主权利,选出真正能为大家办事的人来,选举办法也要切实可行,便利群众。

各城市整顿和成立居民委员会的经验证明:居民委员会的居民小组各选委员一人组成,并且由居民委员互推正、副主任的办法,是既民主又简便的。我们知道,每个居民小组最多才有三四十户居民,一般是二十户左右,同组的

居民相互间比较了解,到一块开会、酝酿选举也很方便,所以改选或补选居民委员,以居民小组为单位来进行,既便利于大多数居民参加选举,又便利于群众很好地选择自己"心里的人"。这样选举的结果,各个居民小组都会有一个居民委员,就有可能把各个街道、胡同的工作普遍地搞好。至于居民委员会的正、副主任不由居民直接选举,是不是不民主呢?不,这是民主的。因为居民委员会的委员都是各居民小组所满意的人,他们推选正、副主任时,一定能代表全体居民的意见,选出居民群众一致爱戴的人来。

(四)居民委员会的工作人员应当以劳动人民为主

我们的国家是工人阶级领导的、以工农联盟为基础的人民民主国家。我们的各种群众组织,都是国家机关的支柱。因此,在居民委员会的组织中应当体现工人阶级的领导。这主要是体现工人阶级思想的领导,不是说一定要由工人来担当居民委员会的主任和委员。因为工人、职员等都有固定的工作岗位,如果直接参加居民工作,就要影响生产或工作,这是不合适的。我们应当主要选举职工家属和其他劳动人民,作为居民委员会的领导骨干。职工家属同工人、职员生活在一起,政治觉悟一般是比较高的;其他劳动人民普遍热爱共产党,一般都能很快地接受工人阶级的思想,进步也是比较快的。居民委员会的工作人员以这些人为主,就可以保证工人阶级思想在居民工作中的领导。其次,居民工作的对象主要是妇女,一般妇女的活动又经常固定在居住地区,要使居民委员会密切联系妇女群众,要使居民工作经常化,居民委员就必须有相当数量的劳动妇女来担任。另外,由于居民委员会是群众自治性的居民组织,包括各阶层的居民,因此还要根据实际情况,吸收各阶层居民中的积极分子参加居民工作。

对于居民委员会的工作人员要以劳动人民为主,还不能理解为只要是劳动人民就可以当居民委员会的工作人员。这还要具备以下的条件:第一,要历史清楚,才能作居民委员会的工作人员。不这样,就会让暗藏的反革命分子混进来,破坏我们的居民工作。第二,要为人正派,办事公正。因为领导居民工作的人,只有自己严格遵守国家的法律、法令,在各项运动中积极带头,在办理居民工作上公公道道,才能带动居民一道前进,很好地完成居民委员会的任务。第三,要密切联系群众。居民工作是为了群众的利益,依靠群众来进行的。这就需要那些深入了解居民情况,倾听群众意见,并能依靠和发动群众进行工作的人,才能办好大家的事情。第四,要热心居民工作。做好居民工作,要花费一定的时间,也会遇到一些困难,而且居民工作又是在不脱离生产的情况下进行的。因此,居民委员会的工作人员,要真正是勤勤恳恳、积极负责、一心一意为居民谋福利的人,要真正是能够任劳任怨的人。

(五)职工家属聚居区或较大的集体宿舍,应当在市辖区、不设区的市人民委员会或街道办事处的指导下成立居民委员会,或是由工会组织的职工家属委员会兼任居民委员会的工作,不应当成立两套组织

有的城市成立了居民委员会又成立职工家属委员会,结果,因为工作对象一致,积极分子都是那些人,就造成积极分子兼职多、指挥多头、互相牵扯的现象,对工作不利。

有些城市则不成立居民委员会,由职工家属委员会兼任居民委员会的工作。为了满足厂矿工会和街道办事处两方面的要求,职工家属委员会除了受领导外,还应受街道办事处的指导;对于两方面的工作,有的由家属委员分工担任,有的设各种工作委员会分别负责,家属委员会的副主任也可按双方的工作具体分工。这样,双方的工作都通过职工家属委员会作统一研究、布置,然后由有关人员具体执行,就可使双方的工作都能顺利完成,工作步调也能统一起来,并可克服积极分子兼职多和开会碰头多等现象。

四、居民委员会怎样进行工作

《城市居民委员会组织条例》规定:居民委员会进行工作,应当根据民主集中制和群众自愿的原则,充分发扬民主,不得强迫命令,各地居民委员会的经验证明,这样做能够充分发挥每个积极分子的力量,得到广大群众的积极支持,胜利完成各项任务。但怎样才能达到这个要求呢?我们从四个方面来讲一讲。

(一)按照"大家事情大家办"的原则,依靠和发动居民群众进行工作

为发动居民积极支持居民委员会进行工作,必须采取耐心同群众商量办事、不断进行说服教育的方式。居民委员会一些比较重要的工作,一般都应当通过居民小组会讨论,由大家出主意想办法,使大家都知道为什么要做这些工作,也知道怎样去做这些工作,这样,居民群众就会自觉自愿地去做,积极主动地去做。居民委员会已经决定要做的工作,在执行中有的会遇到一些困难,这

就要通过个别说服、教育的方式来办。如陕西省西安市北新街居民委员会辖区内，每逢雨天积水很多，群众虽然有修渗水坑的要求，但因为家家都不愿意把坑打在自己的房前，所以没有修成。居民委员会针对群众的思想顾虑，进行说服教育以后，居民们有钱的出钱，有力的出力，很快就修好了两个渗水坑和一个蓄水池。但是，有些人还不习惯同群众商量办事，认为"太麻烦""耽误事"，而看不到群众的智慧和力量；或者认为给群众办的都是好事，不必多讲道理，这样往往会犯强迫命令的错误，反而把好事办成坏事，引起群众的不满，造成工作的损失，这一点是应该注意的。

居民委员带头做样子，并且加强群众间的自我教育，对于发动居民群众，也有很大作用。不少居民委员会在开始做一项工作的时候，先组织全体居民委员讨论好，让大家都明白了这项工作的要求，然后各委员带头执行，拿自己的工作劲头，去教育群众，树立榜样。比如山东省青岛市济宁路居民委员会，在实行粮食定量供应时，居民委员自己先精打细算，正确地订出节约用粮的计划；在征集补充兵员时，居民委员先动员自己的子弟报名应征等，都带动了广大的居民群众，很好地完成了任务。其次，在进行工作的时候，可以吸收居民群众参加工作，以群众教育群众，提高群众的觉悟。比如有的居民委员会吸收群众参加调解工作，使当事人和参加调解的居民都受到了教育，减少了纠纷，加强了人民内部的团结。

群众发动起来以后，为了巩固和发扬居民群众的积极性，更好地完成各项任务，还必须注意：一方面，进行工作要从便利群众出发，居民委员要多多尽力，不给群众添麻烦，以免群众产生厌倦情绪。工作方式也要灵活，居民委员可以按居民小组，进行走访、院落座谈、读报组传达、收听广播等活动；还可以运用同居民日常接触的机会，在闲谈中有意识地做宣传、摸情况、了解居民要求等。另一方面，要把群众参加工作的热情，变成有组织的实际行动。比如为了搞好环境卫生，很多居民委员会在群众自觉自愿的条件下，划分了街道清扫责任区，订立了居民轮流值日的制度，有的成立巡回卫生检查组，开展户和户、组和组的互相督促检查。这样做，对于提高居民的工作积极性，保持街道的经常卫生等方面，都起到很大作用。

（二）订立一些简便易行的制度，并且坚决执行

首先，要定期开好居民委员会会议，坚持集体领导的原则。在居民委员会议上，布置和研究各项重大工作，就可以集中全体委员的意见，统一大家的思

想认识。大家共同讨论和决定的工作步骤、方法和要求,也比较全面、正确,这对于顺利完成工作任务,是有着重要作用的。在居民委员会议上,汇报、检查和总结工作,不仅可以交流工作经验,还可以开展批评和自我批评,改进居民委员的工作作风,克服少数人大包大揽、独断专行的现象。因此,建立定期召开居民委员会议的制度,是十分必要的。

怎样才能坚持这种会议制度、开好这种会议呢?除了要明确会议的内容外,在订立制度时,要注意使每月开会的次数尽量减少,每次会议的时间也不要过长。这样"开会少,开得快",占用居民委员的时间有限,就可以保证每次会议没有人无故缺席和迟到早退。开会前,要做好准备,最好是把开会时间和要讨论的问题,事先通知各居民委员,以便准备意见。正、副主任事先也要充分交换意见。开会的时候,主要是让大家充分发表意见,讨论问题,不必有什么仪式,也不必讲究会议场所,如果居民委员会没有固定的办公地点,哪里方便,就在哪里开会。

在进行某项重大工作或总结全面工作以前,居民委员会议还可以吸收居民小组长、妇女代表或各种工作委员会的委员等参加,以便广泛地征求积极分子的意见,普遍提高大家的工作能力,及时、全面地开展和总结工作。但是,这样的会议不要多开,免得影响积极分子的生产和生活。

其次,要建立向居民报告工作的制度。执行这一制度,可以使居民委员会各个阶段的工作,都能为居民群众所了解,能够从居民对工作报告提出的意见里面,知道各阶段的工作,哪些做得好,哪些做得不好和应该怎样改正。执行这一制度,还可以充分发扬民主,使群众感到自己确实是居民委员会的主人,居民委员会工作人员真正是对群众负责的,因而拥护居民委员会,积极参加居民工作。

有些居民委员会订立和执行了这种制度,效果很好。它们的做法是这样的:在一定时期或某一项比较重大的工作完成以后,居民委员会先做工作总结,向居民小组长和各种工作委员会的委员报告,经过大家讨论研究以后,再以居民小组为单位,分头向居民群众报告,组织讨论,听取群众的意见。

最后,还要订立一些切实可行的工作制度。比如有的居民委员会,订立了正、副主任每日碰头研究工作的制度,加强了居民委员会的核心领导。有些居民委员会,规定各居民委员办完工作都要向主任汇报;遇到重大问题,事先要同主任和有关业务委员研究解决办法,事后向居民委员会汇报;日常工作中,只要是居民委员可能解决的问题,就可就地及时处理;等等。执行这些制度,就可以防止和纠正有些居民委员独自解决问题所发生的偏差,也可以避免另一些居民委员凡事找主任,造成主任工作忙乱的现象。

(三)居民委员会工作人员要明确分工,密切配合,进行工作

为了充分发挥居民委员会每个工作人员的力量,除实行集体领导以外,还要分工负责。如果不论事情大小,都要经过大家讨论以后再做,那就会耽误事情。因而,居民委员会应当根据各居民委员的条件,根据优抚救济、文教卫生、治安保卫、调解等工作任务的轻重,采取适当的办法,明确居民委员的分工,一般说来,居民委员会主任除掌握全盘工作外,可以不分工或少担负些具体业务;副主任可以分别担负一两项主要业务,或是分别负责掌握工作委员会的工作;各居民委员都要负责本居民小组的全面工作,并且要分担一项专门业务。这样,按居民小组分工进行工作,居民委员的活动范围小,情况熟,联系居民方便,完成任务比较快;加上专业分工,又可以使居民委员会能够有系统地研究解决各项工作问题,普遍提高居民委员的业务水平。

居民委员会工作人员明确分工以后,不要只顾自己的业务,应当加强相互之间的联系,密切配合,进行工作。比如在开展政治运动或较大的中心工作的时候,全体积极分子要分片包干,通力合作;在进行某项专业工作的时候,管这项事业的委员除要做好本居民小组的工作以外,还应当提出全面计划,在主任的领导下,帮助和督促其他委员进行这一工作。这样做,可以使居民委员会工作人员既容易做好每人负责地区的各项工作,又能够掌握自己所管专业的全面工作情况。另外,居民委员会还应当同妇女代表会等群众组织密切联系,在有关工作中要共同研究,统一布置,分头进行,以统一工作步调,发挥各组织应有的作用。

(四)争取党和政府有关部门的指导和帮助

居民委员会的工作,必须在当地党的组织和市、市辖区人民委员会的关怀、指导和帮助之下,才能做好。

居民委员会工作人员因受自己的政策和业务水平的限制,工作当中会遇到一些解决不了的问题,只有经常受到党和政府的政策、法令的教育,争取有关机关进行具体的业务指导,才能提高办事能力,解决这些困难问题。因此,居民委员会的工作,除要遵照市、区人民委员会或街道办事处的指示、布置进行外;进行时,还要同这些指导居民工作的机关密切联系,向它们反映情况,提出要解决的问题,争取它们的指导。在治安保卫工作上,要不断地同派出所和辖区的户籍员密切联系,向派出所反映情况,报告工作;其他像文教、调解等工

作,也要争取和接受各有关机关的业务指导。

居民委员会进行工作的时候,还会遇到一些单靠本身力量办不到的事情。这就需要争取有关部门的支持和帮助,求得适当的解决。事实上,这种做法,的确解决了许多问题。比如上海市各居民委员会,由于争取政府有关部门的帮助,几年来仅在公用水电方面,就装置了 5 万多户集体用电表,设置了 1600 多个给水站,满足了居民群众的要求;北京市有的居民委员会,把机关家属宿舍工作难于开展的情况,反映到行政机关以后,共同研究决定了具体办法,会同原机关的总务部门一同进行,很好地得到了解决。这些事实说明,居民委员会工作的顺利开展,是同政府有关部门的支持分不开的。

这里,应当指出:居民委员会的工作主要依靠发动居民来做,居民委员们不要有依赖思想,应该把自己可以解决的问题主动地解决,遇到了某些困难,也要尽力想办法克服。只有在党和政府有关部门的指导和帮助下,居民委员会工作人员都充分发挥主动性和积极性,才能胜利完成各项居民工作。

五、居民委员会的工作人员和居民群众应该怎样对待居民工作

居民工作,需要大家共同关心和一齐动手来做。居民委员会工作人员和居民群众,都应当对居民工作负责。那么,应该采取怎样的态度,才能做好居民工作呢? 这里分别讲一讲。

(一)居民委员会工作人员要注意做到以下几点

第一,要树立为人民服务的思想。我们知道,居民委员会的各项工作,都是以居民群众的利益为出发点的,居民委员会的工作人员又是居民群众的一分子,个人的利益同居民群众的利益是一致的,因此应当全心全意做好居民工作。这就要求:

首先,在进行各项居民工作的时候,要处处为群众的利益着想,经常深入群众,听取群众的意见和要求,勤勤恳恳、踏踏实实、任劳任怨地为居民群众办事,为大家解决问题。有的居民委员做到了居民还没有找上门,就帮助他们解决了困难,群众称赞说:"代居民说话,替居民办事,居民想不到的事都办得到。"还有些人虽然孩子多,家务负担重,或是身体不够健康,却没有丝毫降低工作热情。这些人不计较个人得失,一心一意为人民服务,这种态度是值得大家学习的。但是,也有些人在工作上忽冷忽热,当自己的事情和居民群众的事情发生矛盾的时候,就消极下来;或者只看到自己所联系的一小部分居民的暂

时利益,看不到全体居民的长远利益,这些都是不对的。

其次,要虚心接受群众的批评和监督。只要大家的意见是正确的,我们就要虚心接受和勇于改正。如果听到群众的批评,就认为伤了自己的面子,甚至闹情绪,不积极去做工作,这是不对的。当然,有些人的意见,不一定完全正确,那就要作适当的解释,不要置之不理。我们虚心接受批评、改正缺点,不但不会降低自己在群众中的威信,反而会更得到群众的信任。同时,我们还要认识到,对指导居民工作的机关负责和对群众负责是一致的。因为总的目的只有一个,都是为了做好居民工作。所以只听指导居民工作的干部的话,他们叫做什么,就做什么,而不听群众的话,甚至对群众的批评和建议置之不理,也是不对的。

最后,还要不怕困难。在进行居民工作中,一定是会遇到一些困难的。为了群众的利益,为了很好地完成任务,就应当想尽一切办法去克服这些困难。几年来,各地居民委员会涌现了许多这样的模范工作人员。如广东省湛江市居民委员李伟,在一次狂风暴雨中,他奋不顾身地帮助群众进行抢救,一夜没有回家,自己被狂风吹倒昏迷过去,但当他稍微清醒,听到居民的喊叫时,又马上爬起来,救起被压倒在房屋下的一个小孩和一个妇女。北京市的治安委员吴德元曾接到坏分子的匿名信说:"小心我的尖刀!"他不但毫无惧怕,并且更加坚强勇敢,五年来,他多次协助公安机关捕获了反革命分子和刑事犯罪分子。这些模范事例,都是值得大家学习的。

第二,要加强团结,树立整体观念。我们要认识居民委员会是一个整体,各个人分担的工作都是整个居民工作的一部分,每项居民工作又都是对社会主义建设事业有利的。因此,我们应当树立整体观念,加强团结。如果做居民工作的人员不团结,便不能很好地引导和团结居民群众进行工作,各个人的进步也会受到影响。

居民工作人员,千万不要自高自大,看不起别人,而要看到别人的长处,虚心学习别人的优点,不仅自己一心一意要把工作做好,也要帮助别人把工作做得更好,这样就会加强相互的团结。但是,有些人就不是这样,总是自己有一点长处,就认为了不起,看不到自己的缺点,只看到别人的缺点,认为张三参加居民工作的时间短,不懂什么,认为李四文化低,工作能力差,也不如自己,有的甚至为了提高自己,排斥和打击别人,这种思想作风,破坏团结,妨碍工作,应当坚决克服。

大家在工作当中经常接触,必定会发现每个人的缺点,相互之间的意见也可能不一致。为了做好工作,共同进步,就应当经常用批评和自我批评的方法,检讨自己的错误和缺点,密切彼此间的关系。当自己对别人有意见和发生争执的时候,首先要进行深刻的自我检讨,以取得对方的谅解,引起对方也认识自己的缺点;在研究了别人意见以后,如果认为是对的,就应该放弃自己的意见,接受别人的意见。在研究了别人和检查了自己的意见后,如果仍然认为自己的意见是对的,就要用更充分的理由说服别人,决不要简单地强迫别人接受。如果对方一时想不通,也可缓一缓,让他有时间考虑。当别人指出自己的错误和缺点时,应当认为这是对自己的帮助,要虚心地接受。对于别人的缺点也应该诚恳地指出,好心好意地帮助他早些改正。只有这样,大家才能真正团结,一起提高。相反地,如果彼此有意见,都没有自我批评的精神,只是互相攻击,或者都存在心里不谈出来,保持"一团和气"的现象,就会把成见越积越深,永远不能亲切相处。

第三,要努力学习,提高自己。现在居民工作的内容是十分丰富的,随着社会主义建设事业的迅速发展,居民工作还会产生许多新的问题,同时,群众的觉悟一天比一天提高,如果大家不努力学习,只停留在现有的水平上,不但要落后于工作发展的需要,而且还会掉在群众的后边。

有些人,做了几年居民工作,就认为自己不学习也没有什么,这是不对的。我们应当看到自己的一些经验还很不够,目前工作中有许多问题我们还不能很好地解决,将来还会碰到更多的新的困难。有些人认为,"整天忙得不得了,哪里有时间学习"。他们不懂得从工作中挤时间来学习,不知道现在工作忙,将来也不会清闲,如果自己不挤出时间来学习,就很难有学习的机会。还有些人感到,"自己不识字,没法学习"。当然,不识字就要努力学习文化,但并不是不识字就没法学习。自己可以向周围的人请教,请旁人讲,同旁人讨论,同时自己经常多用脑子,就会学到很多东西。

认识了学习的重要性以后,我们还要注意学习内容和学习方法。首先,要学习国家的法律、法令和政策,因为国家的法律、法令和政策,是我们办事的依据,只要大家都懂得了国家的法律、法令和政策,工作中就会少犯错误或不犯错误。指导居民委员会的机关向大家讲解某项政策、法令时,我们必须仔细听,有不懂的地方,还要随时去问。辽宁省沈阳市北二经路第七居民委员会李志兰老大娘,很懂得这个道理。她说:"政府的政策和法令,要靠我们宣传,我们不好好学习哪行啊!"所以,她不但自己学习,还帮助别的委员学习。其次,要学习有关的业务知识和各地居民委员会的工作经验。只有熟悉了自己担负工作的业务知识,并且吸收了其他居民委员会的工作经验,才能够提高自己的工作能力,很好地完成任务。所以在召开业务会议和读报的时候,我们必须认真地听取有关居民工作的知识和经验。某项工作告一段落的时候,要进行总结,检查一下为什么做好了或者做坏了,以便吸取经验、教训。最后,要虚心地向居民群众请教,做群众的小学生,因为群众的智慧和经验都是十分丰富的。此外,还要注意学习时事,提高自己的政治觉悟和对时局发展的认识。只有这样,才能使自己不断提高,工作做得一天比一天好。

(二)居民群众要注意做到以下几点

第一,认真贯彻执行居民委员会的决议,支持居民委员会的各项工作。因为居民委员会的决议,是根据居民群众的要求,集中了大家的意见制定出来的;居民委员会的各项工作,同居民群众的切实利益是密切相关的。我们认识了这一点,对居民委员会决定的各项工作,就会看成是自己的工作一样,积极地行动起来,并且动员周围的群众,很好地去完成它;同时也会对没有很好执行决议,不积极进行居民工作,或者侵犯公共利益的人,展开批评或斗争。目前,许多居民群众已经做到了这一点。例如湖北省武汉市长春街第二居民小组,每个人都注意了街道卫生工作,甚至一个 10 岁的小女孩,看到有人在阴沟里大便,她就马上去干涉,因而这个居民组的卫生工作就搞得很好。

第二,积极参加居民委员会召开的各种会议。居民委员会的工作,一般是通过居民小组会议或其他会议来进行的。在这些会议上,我们可以对居民工作的内容和方法,进行商量,大家充分交换意见,就会使我们认识每项工作的意义,并且知道怎样做好它。同时,在这些会议上,还可以了解国家的法律、法令和政策,学到许多东西,使自己的政治觉悟不断提高。因此,当居民委员会通知开会的时候,就要准时参加,并且要在同院和邻居中,带动更多的人一块去开会。会议没有结束的时候,不要无故离开会场;会议结束以后,对于因为有实际困难没有参加会议的人,要把会议的内容告诉他们。

第三,要体谅居民委员会工作人员的困难。居民委员会的工作人员,虽然政治觉悟和工作积极性一般都比较高,都愿意搞好工作,但是不可能把各项工作做得十全十美;我们既然信任和委托他们来做居民工作,就应当体谅到这一点,就要爱护和帮助他们。同时,还要知道,居民委员会的工作人员,不脱离生产,一般还有家务负担,不可能用很多时间做街道工作,所以大家就应该时时对他们加以协助。比如,他们了解不到的情况,可以主动去反映;有意见和要求,主动去找他们商量;各项工作不等他们督促就主动做好;等等。特别要注意的,就是当自己要求解决的问题,因各种原因暂时得不到解决的时候,就应当耐心地等待一下,不要埋怨他们。

第四,积极参加居民委员会的选举工作。我们知道,为了不断加强居民委员会的组织和工作,把居民工作做好,居民委员会要实行一年一次的选举制度。执行这种制度,选好了居民委员和小组长,对于做好居民工作,是一个有力的保证,同时,结合选举开展批评、检查工作,又可以提高积极性,改进居民委员会的工作。因此,居民群众要以主人翁的态度,积极参加这件事情,认真地进行选举。不少城市的居民已经这样做了。山东省济南市进行这一工作时,许多居民冒雪参加,情绪很高。北京市有位老大爷说:"居民委员是直接为我们办事的,可得好好挑选。"他们这种对待选举的态度是值得大家学习的。

六、国家行政机关怎样指导居民委员会的工作

居民委员会必须在市辖区、不设区的市人民委员会或街道办事处的指导下做工作,才能使各项工作很好地完成。居民委员会的工作做好了,就可以保证党和政府的各项措施在街道居民群众中全面地贯彻实现。因此,最后要讲一讲国家行政机关怎样指导居民委员会的工作。

(一)必须依靠党的领导

共产党是带领我们走社会主义道路的政党,是为广大群众谋福利的政党,无数的经验教训告诉我们,任何工作如果脱离了党的领导,就必然遭受失败。指导居民委员会的工作也不能例外,必须依靠党的领导。那么,究竟如何体现党的领导呢?怎样才能使党的政策和主张,通过居民委员会正确地贯彻到居民群众中去呢?要达到这个目的,就必须从以下两方面做起:一方面,要通过街道党的组织和全体党、团员,带动非党的积极分子,经常向群众宣传党的政策和主张,并在各项工作中起模范带头作用,使党的政策和主张变成群众的自觉行动。为此,在成立居民委员会的时候,应当注意选拔街道中的党、团员及非党积极分子,参加委员会的工作。另一方面,指导居民委员会的国家行政机关,必须在市、市辖区党委的统一领导和监督之下,进行工作。为此,在这种机关工作的党员,必须主动向党委反映工作情况,虚心听取党委的指示。这样才能得到党的支持,取得各个部门的密切配合,指导居民委员会很好地进行工作。

　　(二)统一安排居民工作,有计划、有步骤地指导居民委员会去进行

　　只有市、区人民委员会对各有关部门需要向街道布置的工作加以适当控制,并且由市、区统一布置,才能使居民委员会的工作进行起来有头绪、不乱忙。各地市辖区在统一安排工作上有两种方式:一种是在月初由区召集区级有关单位和区的各科室开联席会议,研究各单位本月份在街道中需要进行的工作,由区办公室综合成全月工作计划,统一向下布置。一种是不召开联席会议,而是在月底以前,由区级的各个单位将下月要在街道进行的工作内容、时间、步骤和要求等,明确具体地提出,送交区人民委员会,区根据工作要求,估计下边的力量,分别轻重缓急,有计划地统一安排。假如区在综合成全月工作计划以前,对有些单位提来的计划有意见,便采用同个别有关单位联系的方式,商量研究解决。这两种方式是市辖区在统一安排工作时经常采用的,不设区的市也可以仿照来办。

　　市辖区或不设区的市采用以上办法,把街道居民工作统一起来以后,除没有设街道办事处的,可以直接召开居民委员会主任会议进行安排以外,一般是把这些工作要求和计划,通过全区或全市街道办事处主任会议传达下去。街道办事处通过辖区内定期或不定期的居民委员会主任联席会议,或用其他方式向居民委员会提出,同它的工作人员充分商量,倾听他们的意见,以丰富工作内容,推动工作的进行。同时,街道办事处还要注意把全街各种组织的工作步调统一起来,主动召开街道有关组织的会议,根据"紧急的先办,不紧的缓办,相同的结合办理"等原则,把性质不同的各单位的街道工作统一起来,排列工作日程。这样使各种组织的工作能够互相配合,顺利进行,居民委员会的工作也能很好地完成,避免发生各干各的、互相脱节、会议重复等现象。

　　要贯彻实行由市、区人民委员会统一安排、布置工作的办法,单靠一个决定、指示是不能完全解决问题的,还必须不断地进行教育。一方面,要使市、区各个工作部门认识统一安排工作的意义,充分重视并积极认真地参加,树立整体观念,克服本位主义思想,对一般工作不要直接向下布置,对某些必须临时布置的工作,也应该同人民委员会联系以后,再来布置。另一方面,要教育居民委员会主任和委员,克服大包大揽的现象,一般应做到经行政机关同意或介绍来的工作,才协助办理;对于没有经过介绍,直接由各个部门布置下来的工作,要克服不好意思不接受的情绪。这样从各方面都来注意这个问题,才能保证统一安排工作的办法顺利实行,街道工作中指导多头、积极分子工作忙乱现

象,才能比较彻底地得到解决。

(三)深入了解情况,克服一般化的指导

为了及时掌握街道工作的基本情况和及时发现问题,很好地指导居民委员会的工作,市辖区、不设区的市人民委员会或街道办事处,必须深入下去,拿较大的力量和时间到居民委员会和居民群众中去,了解居民委员会的日常工作情况和居民的意见、要求。掌握了基本情况以后,要根据居民生活、职业情况的不同和居民委员会的要求等,分别进行切实的指导。必须防止只坐在机关里,来了事就办一办,没事等事,以及一般化地、不切合实际地布置工作。

各居民委员会的工作发展是不平衡的,有的好些,有的差些,所以在进行指导的时候,有的便采用了"抓住两头,指导一般"的方法:一方面,对工作较强的居民小组和居民户,使它们在各项工作中起示范作用,成为一般居民委员会和居民小组学习的榜样;另一方面,还经常到工作比较薄弱的居民委员会去参加例会,作重点指导,使他们向好的单位看齐。这样做,就可以使街道工作比较全面地、平衡地向前发展。

(四)加强业务指导,帮助解决具体困难

要加强居民委员会的经常工作,必须发挥各个委员或工作委员会的作用,建立起经常的业务措施。根据各地的经验,想做好这件工作,指导居民委员会的行政机关应当按照不同业务,分别召集各居民委员会分工负责这项业务的委员,以及负责这项业务的工作委员会的工作人员,举行定期或不定期的业务会议,研究和推动工作。首先,在这种会议上,可以研究确定各个居民委员或工作委员会的工作范围。有的经过这种会议,详细具体地制订了各业务委员的工作计划,使平日感到无事可做的委员,现在有事可做了。天津市有些分担社会福利工作的委员,平时想做工作,可是不知做什么好,召开业务会议以后,委员们明白了应当做的事情,就主动督促居民做好自来水防冻工作(当时正是冬天),有的还把教育居民爱护公共财物,当作自己一项经常的重要工作。其次,在这种会议上,也可以交流工作经验,使委员们学会工作方法,提高工作能力。天津市有个居民委员会的文教委员,在文教业务会议上介绍了组织读报组的经验以后,其他居民委员会的委员都根据本地区情况进行了研究,使40多个读报组得到了巩固。四川省重庆市木关街道办事处的调解业务会议,交流了"先了解情况,后进行调解;先个别说服,然后召集双方调解"的经验,又学习了债务、房租、婚姻等政策,普遍提高了居民委员的政策水平和工作能力。

会后,两个月中间,经过调解委员会解决的纠纷,达到发生纠纷总数的90.2%。最后,通过这种会议,还可以检查、帮助各个委员的工作,加强他们的责任心,提高他们的工作积极性。广东省广州市大塘街办事处,通过业务会议,使全街各居民委员会90%的委员工作积极起来,大大减少了主任同委员之间工作协调不均的现象。有的居民委员会主任说:"业务会议以后,大大减少了我的工作。这样分开做,做得又快又好。"这些都说明,业务会议是行政机关指导居民委员会建立经常工作、具体交代工作方法的有效方式之一。

此外,也可以通过召开居民委员会主任会议,或由干部下去参加居民委员会例会和工作委员会会议等方式,结合当前工作,具体交代工作方法,不断地帮助他们,使他们能够主动地做好工作。

负责指导居民委员会工作的干部,要同居民委员会经常接触,以便及时发现问题,解决问题。这些问题,有的是居民委员会在进行工作中的具体困难;有的是有关组织间的关系不够协调;有的是积极分子之间闹不团结;也有的是居民委员的生活困难;等等。这些问题,一般都是必须有行政机关的支持和帮助才能解决的。指导居民委员会的行政机关和它的干部,应当体贴他们在工作和生活上的困难,对这些问题,必须慎重研究,很好地帮助解决。这对于顺利开展居民工作有着重大的意义。

(五)培养、教育街道居民中的积极分子,是指导居民委员会的行政机关的一项经常的主要工作

几年来,城市街道居民工作证明,对于积极分子的培养教育,要想一次解决问题是不行的,要想专门抽一个工作空隙进行训练也是有困难的。所以,今后指导居民委员会的行政机关,应当将培养、教育积极分子的工作,结合经常业务积极进行,克服单纯使用的观点。许多地方针对积极分子文化水平低、时间少的特点,在教育方法上,采取了"边做边教"和"做什么教什么"的办法,一般是:经常教育多于集中训练,组织报告多于小组讨论,个别指导多于一般号召,表扬多于批评。在教育内容上,着重思想作风的改造、业务指导、经验交流和工作总结,这样做起来,效果都很好。像有的市定期组织居民委员、妇女委员、治安保卫委员等街道积极分子,结合当前工作,学习群众路线的工作作风,委员们反映:"经常学习,知道怎样干工作了。"

对新积极分子的发现和培养也应当充分注意。如果做得不够,不但不能吸收更多的人参加工作,很好地完成任务,而且往往因为积极分子搬家或是其

他变动,缺额不能很快补上,影响居民工作的顺利进行。所以必须注意培养后备力量,随时补充缺额,使居民工作的队伍不断壮大。有些城市对新发现的居民积极分子,有意识地让他们做一些工作,带领他们参加各种居民工作会议,使他们受到锻炼,提高他们的工作能力,这样,就充实了后备力量。比如天津市有两个街,一年来发现和培养了青年积极分子81人,把他们陆续吸收到居民组织中工作,对于健全和纯洁街道组织,起了很大的作用。

中华人民共和国内务部民政司编

1956 年

杭州市上城区居民委员会改选情况

　　本区居民委员会的改选工作自五月份开始首先选择了河坊街地区华光巷、十三湾巷两个居民区为试点,摸索经验后于六月份分批全面开展至七月上旬基本上完成了 65 个居民区的改选工作。通过改选:

　　(一)健全和纯洁了居民组织,充实了居民干部力量,基本上做到了劳动人民掌握了领导权,改选前全区有 65 个居民区、1671 个干部,改选后有 2796 人,在数量上增加 67.32%,在质量上职工家属及劳动人民占一定数量的比重。如其中职工家属及劳动人民共 2257 人,占干部总数的 87.87%;政治清楚者 2492 人,占总数 89.12%。

　　(二)新的居民委员会成立后,普遍建立了工作、会议、学习等各项制度,并进行了明确分工,从而初步克服了混乱现象。华光巷居民主任马敏说:"有了制度,会议、工作、学习都有了规律,委员之间有事有商量了,不会再像改选前那样有事无人管。"城站居民主任夏文奎说:"过去我们干部工作是各搞各的,联系不够,通过制度的建立,不但可以加强干部之间的联系和团结,同时可以提高我们的政治业务水平,以便更好地为群众服务。"居民委员会还根据每个委员的情况进行了具体分工,各委员按照职责范围,条条负责、块块包干,发挥了集体领导作用,克服了以往少数干部负担过重的现象。例如发放粮票、油、布票工作就布置新当选的计划委员进行统计发放,督促检查,其他委员协助配合,改变了凡事抓主任委员现象。

　　居民委员会与其他委员会的配合关系上也有了改进,特别是居民委员会和治保委员会之间存在着一定程度的隔阂,主要是关系不明确,在这次改选中强调了治保委员会是在居民委员会领导下进行工作的,是个领导关系,因此目前来讲均能主动联系,关系较以前正常了,大部分地区居民委员会召开常委会治保委员也出席参加,工作协调通气。

　　(三)居民委员会的改选,使干部及广大群众得到一次深刻的民主教育,从而使群众热爱自己的组织,更密切了居民委员会与群众的关系,在这基础上鼓励了当选干部的工作责任性和积极性。如城隍山新任委员金丽、倪道澄,在这次粮食调剂中不怕艰苦任劳任怨地搞到深夜两点钟,并表示态度说:"群众信任我们,委托我们的工作一定要搞好。"佑圣观居民程洎宝说:"这次真正把我们爱戴的人选上了。"表示要尊敬干部,服从领导,积极参加社会活动。三益里居民区在未改选前,到会人数仅 60%,经过改选,一般会议已能达 80% 以上,特别是该居民区的 47 个干部能做到平时到会。

一、当前存在问题

(一)居民干部的政治业务学习问题

改选后,居民区涌现出大批新生力量,工作热情很高,但是他们对业务不熟悉,因此在具体工作中存在一定困难。另一方面,老干部虽有经验但由于形势的发展,在工作要求上有所不同,所以根据情况干部的学习是当前的重要问题,但是改选后虽建立了制度但缺乏系统全面的资料和内容而影响了他们的学习情绪。

(二)居民区中组织多、会议多、领导多、工作多的方面

通过改选,这个问题虽有了转变,但由于自上而下的控制不够,因此有些单位仍直接下居民区抓(如交大、消大),无形中形成多头领导。这次在城站办事处做了了解,据反映,以前向居民区布置工作的单位有 31 个,有 48 项工作,40 种组织,平均每月开会有 25 次之多。根据这一情况,混乱现象仍是存在,因此除严格控制外,市领导考虑制定统一街道工作规划借以改选,克服街道工作的多头领导和混乱现象。

(三)干部的变动情况

由于城市流动性大,同时,随着革命事业的发展带来了干部不断的变动,改选后虽健全了组织,干部的缺额现象仍不断产生,而我们不能做到随缺随补或多或少影响了工作的进展。如凝海巷居民区,两个副主任迁出和就业不能继续工作,而主任又系在职店员,仅夜间抽空搞居民工作,因此该居民区当前组织又呈涣散。

(四)制度执行情况

改选后,居民委员会虽普遍建立了制度,一段时期执行很正常,但由于中心工作的影响及办事处放松领导,列席会议指导和帮助不够,因此目前大部分地区执行不正常甚至停顿(如河坊街地区七个居民区除华光巷、里向所、高银街外,其他四个均有松懈)。

(五)居民干部的反应与要求

1.干部优先就业问题

有些干部反映,自己担任居民区工作多年了,眼看着人家不断就业,自己得不到工作;或者干部本人没有就业条件而要求照顾子女。

2.奖励问题

过去各级领导确实存在着对干部单纯使用,教育奖励少,往往在某些地方影响了他们的工作情绪。而有些单位做得比较及时,提高了居民干部的工作劲头,如治保干部公安部门在一个中心工作中能做到按时奖励、评模。卫生部门、人民银行除了名誉奖励外,还有一定数量的物质奖励,因此干部对业务部门的工作格外起劲。今后应考虑贯彻执行奖励制度来鼓励干部的工作积极性。

3.其他

居民干部的工作是义务性质的,既无工资报酬又无补贴,但有时需要到远处参加一些会议或听报告,车费也得自己负担,今后是否可以报销。

二、预告救灾工作

(一)受灾情况

本区受到台风灾害的有 954 户,32488 人,死亡 5 人,重伤 11 人,轻伤 57 人,吹倒瓦屋 166 间、草屋 137 间,损坏 529 间,吹倒吹损墙头 453 座。

(二)救灾情况

本区在抢救中临时安置的 1097 户,4374 人,发放救济款 2998 元 7 角,受到救济者 252 户,计生活救济 76 户,369 元 4 角;生产补助 11 户,69 元;修理房屋补助 165 户,2560 元 3 角。此外人民银行贷出修理房屋款 79 户,8508 元(至 8 月 23 日止)。目前全区已修好房屋 104 间,草蓬 188 间,墙头 77 座。

经检查,在救济品发放上,多数街道办事处掌握政策救济得当,但尚有个别地区在掌握政策上有过宽现象。如居民张文英两间茅蓬被吹坏,估计只要 40 元可以修理好,但三味巷工作组在调查表上签具救济 98 元;又有望江街 69 号王慈贤草蓬顶被吹掉,估计只要添盖三四百斤稻草可以解决了,但工作组批准救济 22 元,以上问题在检查时给予纠正。

(三)当前存在问题

1.修建房子的材料和建筑工人普遍感到缺乏,修理房子买不到材料,雇不着工人。

2.纠纷。在台风中墙头压倒邻居房屋、公房压倒私房、私房压坏房客财产等的受灾户向街道办事处提出要求调解赔偿,因上级对此问题的解决未作明确指示,在处理时比较困难。

3.城隍山有9座危险庙宇,庙内居住有百余人,经济情况都很困难,本人无修缮能力,银行贷款不符合条件。按照救济标准最高40元,即使给予救济仍无法解决(修理费平均每户达百元以上),但房子非常危险。有些私有危险房屋,房主房客双方经济情况都很困难,也有同样问题存在。

4.关于居民区建党问题

居民区建党对象:据几个办事处主任意见,建党对象以居民干部、团员、城市劳动人民、职工家属、社会青年较适当。

发展方式:首先由办事处提出名单,经区委组织部门组织他们学习上党课,然后再根据情况确定具体发展名单。这一工作可由街道支部负责。

1956 年

杭州市民政局为改进街道办事处
居民委员会开具证明的报告

　　最近有的人民代表和街道办事处、居民委员会的干部,纷纷向我们反映许多意见,他们认为:街道办事处和居民委员会感到最难办的就是打证明。因为不少单位碰到一个问题就要当事人到办事处打证明,种类之多不胜枚举。例如:有的居民群众不慎将人民币撕破,银行一定要街道办事处证明其撕破的原因方可兑换,但是街道办事处也难以了解其究竟,军属到邮局去领汇款只要凭他的户口簿和军属证,就可以证明他与汇款人的关系,但邮局却一定要当事人出具证明。失业无业的居民用临时发票到税务局去买发票单据,一定要办事处证明其是否真正失业无业,其实他的户口簿对他的就业情况已填得很明确。还有一些是街道办事处和居民区不应证明和难以证明,也要弄到办事处去打证明。家住在中城区马市街辖区的市人民代表冯爱如(她也是居民干部)说:"有的工厂叫工人拿着登记表到居民区来要求给他证明政治历史情况,居民委员会认为不能办,向工人作解释时反而引起工人的不满。有些单位为了了解一个人的学历,本来应由学校当局证明其毕业和肄业的情况比较妥当,但偏偏要弄到办事处去证明。有的单位□□说:办事处情况不了解不要紧,只要盖上一个章就行了。一个摊贩向摊管会申请歇业,摊贩市场管理委员会和摊贩小组比办事处熟悉情况得多,但也要办事处打一个证明。更严重的,因为不了解情况打证明,给坏分子钻了空子。据我们了解,有一个妇女在某机关宿舍偷得一只手表,到居民区要求证明往寄售□□出售,居民委员会不了解她的手表的来历,给她打了证明,使她的赃物很顺利地出手了。还有一种证明是流于形式的,学生申请分期缴款申请表上写着逾期不缴应负责如数代扣,这用在机关企业等单位是适用,但是办事处却不能负责替你扣回了。此外还有些应该街道办事处证明,但因为在手续上没有规定,也在具体工作上造成了不少麻烦。为学生申请减免费和助学金时,照理应该由学校向办事处联系征求意见较好,但却有不少学校告诉学生亲自至办事处要求盖章证明。办事处因为要调查一下,不能让他马上带去或在申请表上签注家庭生活尚可的意见,有的学生就当场与办事处吵起来,使工作处于被动。这种紊乱的情况既占据街道办事处不少工作时间,同时也增加群众许多麻烦。我们认为发生这些情况的原因,一是由于某些单位单纯地考虑本身工作的方便,把索取证明作为自己了解情况的主要方法,未考虑从便利群众出发;另一方面,对街道办事处开具证明缺少一个大体的杠子①。为了纠正这些紊乱情况,统一街道的证明工作,我们提出如下意见:

1.有法令明文规定须街道办事处证明的,办事处应照章办理。

2.已经成为常规惯例且今后仍有需要证明的,办事处应继续办理。(如居民的房地产税,租赁公房之租金的减免,居民经济情况的证明。)

3.今后须继续予以开具证明,但在制度、方法上需要改进。(如申请减免费的证明,一般是一年两次,可由教育机关或学校与区联系,统一布置街道办事处办理,校方不得任意叫学生本人持申请表前来办事处索取证明。)

4.某些新的工作须街道办事处证明,但应将有关办法、细则下达办事处以便于办理证明的同志掌握。(如最近工会系统为了照顾工人家属的实际困难,需要街道办事处证明其家庭状况是否符合补助条件,办事处对其所要求条件的杠子不明确,就很难办理。故应将有关办法、规定逐区统一布置街道办事处。)

5.有组织的群众申请有关事项所需之证明,应由组织负责办理。(如固定摊贩向摊管会申请歇业或申请减免营业税,应由摊贩市场管理委员会或摊贩小组出具证明,手工业合作社就负②的车辆因故停驶申请免缴车辆使用牌照的,应由其所在的手工业合作社出具证明。)

6.居民之户口簿能足以证明的应尽量不往街道办事处索取证明。如有些单位需要了解居民的就业情况,是否失业无业,以及年龄、人口等情况,如确因工作需要需街道办事处签署意见的,街道办事处可斟酌办理。

7.不宜街道办事处证明或未经上级规定擅自要当事人往办事处开具证明的,办事处可不予办理。如要求街道办事处证明学历,证明政治历史情况等。

8.凡属居民的有关生活福利事项,由居民委员会出具证明。

①居民因生活需要需出售自用物品而来历清楚者;

②未到期的有奖储蓄因生活而需取出应用者;

③有关居民生活福利需给予证明者,如向食品公司批购蛋品、肉类等;

---

① 杠子:方言,纲目的意思。——编者注

② 就负:方言,将就,凑合的意思。——编者注

④流动摊贩申请减免营业税者;

⑤其他视实际情况可以证明者。

9.凡属户籍居住迁移,身份及政治历史情况,以及特种器材危险物品的购置等证明,由公安派出所办理。

以上意见如无不当,请批转各有关单位执行。

1956 年

介绍天津社会劳动力调查登记工作

为了供应生产建设所需要的劳动力,天津市最近突击进行了一次社会劳动力普遍调查登记工作。工作的步骤是:

(一)组织领导和准备工作:这项工作是在市人民委员会的统一领导下,由劳动局负责全面推动,各区人民委员会、街办事处通过居民委员会进行大力宣传,并负责办理具体登记手续。为了解决干部力量不足的问题,劳动局组织训练了160余名积极分子分配各街,在街办事处的领导下进行工作。

登记开始前,市人民委员会召开了街办事处主任、干事和居民委员会主任、妇代会主任大会,李副市长亲自做了关于社会劳动力调查登记工作的报告,将登记的原则、政策、办法直接贯彻到基层。劳动局和区人民委员会还分别组织基层干部和积极分子进行了学习,使干部和积极分子逐条弄清登记的范围与条件,进行了登记、填写卡片、分类统计方法与手续的训练并进行了试点,及时总结经验全面推广。各街办事处根据所属居民委员会的人数多少,按片做出了登记工作进度计划,对宣传、接待、登记工作均作了具体安排,保证了登记工作的正常秩序。

(二)宣传工作:各街办事处首先召开居民委员会主任、委员、组长及妇代会主任会议,宣传这次登记的范围、条件和登记的手续与时间,组织他们学习讨论,达到正确领会文件精神。然后,大胆依靠居民委员的组织,采取开片会、逐户访问、贴大字报的方式向居民大力进行宣传。宣传的重点是反复说明登记范围和登记条件,使每一个居民都能了解登记的范围、条件,自我衡量是否符合,从而使合乎条件的人都来登记,不合条件的人自动放弃登记,避免有过多的不合条件的人前来要求登记,造成徒劳往返,群众有意见。

在登记过程当中和登记结束之后,都必须针对群众的思想情况做好宣传工作。各街道在登记时,选择了能掌握原则、态度和蔼的干部或积极分子,负责接待要求登记的群众,结合每个人的具体情况,宣传解释登记条件。例如,有的人体力弱要求登记壮工,不合条件,就向他说明壮工的工作性质,如果登了记,调配工作做不了自己要吃亏,也影响生产任务的完成。这样,不合条件的人就会自动放弃登记的要求,并表示满意。此外,有的人登记后希望马上就业，存在着急躁情绪，有的人不合条件登不了记则认为在家里没出息。针对这些思想情况，在登记工作结束后，又对登记的和没登记的人进行一次访问，教育已登记的人继续努力学习，安心等待就业，未登记的人安心家务劳动。

（三）登记工作：在各街办事处设立了登记站，各配备干部和积极分子三四人，并吸收居民委员会主任参加工作。一般的登记程序是：接待、审查分类、填写登记卡片、复审并在户口册上注明情况、加盖登记图章以便事后查对。

在登记当中，如果有的人不合条件经解释仍有意见时，可以记下姓名、住址，事后访问加以解释，避免群集登记站，秩序不好维持。

（四）文化或技术测验：登记工作结束后，还须对登记的人员进行文化或技术的测验。测验的目的是了解登记的人是否确实学习过所报的文化或技术。经过测验证明，这次登记的人大部分是符合登记条件的，不符合条件仅占10%左右。在测验时，还应根据其具体条件变更原登记类别，如原登记壮工，但条件适合做徒工，即应予变更为徒工。如无条件变更，可仍保留登记卡片，鼓励其继续学习，提高条件，以便适应将来生产的需要。

（五）对登记起来的人进行管理、调配：壮工的调配手续频繁，街道的干部少，管理困难，因此由建筑工人调配组进行统一编队，挂牌进行管理和调配。其余的人由街道掌握，街办事处负责进行管理，逐旬向区劳动科编报待调人数和情况统计表，由劳动科与街办事处共同配合，根据生产需要分批调配，尽量减少一些零星调配的手续。这样根据街办事处的现有干部力量，也可承担得起来。

通过这次登记工作，我们深深感觉到：要搞好登记，充分准备、深入宣传是个重要环节。这次由于准备得比较充分细致，宣传得比较透彻，不仅正确贯彻了登记条件，而且也保证了登记秩序的良好。此外，根据生产需要制定登记条件并进行测验也很重要。这样做一方面可以保证登记的人能够符合生产需要，一方面也为群众指明了努力的方向。通过这次登记，群众要求学习的热情已普遍提高。河西区大沽路居民委员会一个居民小组内，有4个青年妇女，过去不参加业余学校学习，现在主动找组长要求参加学习。但是，工作中也产生了一些问题，如有的干部对国家建设日益增长的需要估计不足，害怕登记起来处理不了背包袱，主张逐步调查，逐步登记，先采取临时的办法进行招收，认为登记条件规定得过宽。有的人则单独从群众就业要求出发，没考虑到国家生产需要，对群众的觉悟程度估计不足，害怕有的群众不合登记条件登不上记会向政府闹事，不敢公开向群众宣传。实际证明，只要正确规定登记条件和正确掌握登记条件公开宣传，是不会发生问题的。因此，要搞好登记工作，还必须与这些不正确的思想作斗争，保证工作的正常进行。

【选自《劳动》1956年第6期】

金华市人人动手"除四害"①

　　浙江省金华全市人民在 1955 年 12 月下旬起普遍开展了以扑灭"四害"为中心的大扫除运动。雅堂街居民委员会一次性添购了鼠夹 50 只,发动家家户户都来捕鼠。兰溪门居民区在两天中用新买来的鼠夹捕获老鼠 59 只。火车站居民委员会把各居民组组长组成"除'四害'突击队",并且发动居民把铁路沿线的脏沟疏通,排除污水并挖掘公共厕所附近的蝇蛹。

　　金华市第一初级中学 600 个学生在课余时间把教室内外打扫得干干净净以后,又抢先拿着铁锄,到离厕所 1 公尺的地方去挖蝇蛹。他们把有蝇蛹躲藏着的泥土打实以后,还撒上了石灰。有的学生挑来热水,冲洗粪池,灭杀蛆虫。学生们还扫除了地下室里的垃圾,不让地下室成为蚊蝇过冬的场所。他们还准备用泥封住石墙隙缝,消灭越冬蚊蝇。婺江初级中学和金华女子中学的女学生们,三五成群地编织着捕雀网,准备去捕捉麻雀。

　　经常遭受到老鼠、麻雀侵害的粮食部门,工作人员在粮食公司的仓库和门市部里到处放上鼠夹,已经捕获老鼠 119 只。他们掌握了麻雀迎着亮光飞的特点,把空粮仓里的窗户三面关闭,只留出一面;在开着的窗户外面加上一道细网,把麻雀赶入网内,这样,一次就捉住了 30 多只。

　　青年团金华市委已经通知青年团的各个基层组织组成"除'四害'中队"。各个中队将派出"侦察员"寻找鼠、雀集中的地方,以便对其加以围歼。金华市妇联也正在发动妇女积极参加除"四害"的活动。

【选自《人民日报》1956 年 1 月 15 日】

---

① 　原文标题为《人人动手"除四害"》。

北京市民政局关于北京市建立街道
办事处居民委员会工作总结报告

民民霍〔1956〕字第九二号

张、吴副市长、柴秘书长，
中华人民共和国内务部：

　　1954 年 5 月，市人民政府作出关于建立街道办事处和居民委员会的决定后，城区各区进行了重点试建，从 10 月开始逐步分批展开，截至 1955 年底，除东单区王府井大街、东安市场、朝阳门关厢（大部）及崇文区广渠门关厢等地区还没有建立居民委员会之外，都已建立完毕。郊区各区除东郊区外，也都在区人民委员会所在地及少数工商户和一般居民聚居的地区建立了街道办事处和居民委员会。总计城郊 12 个区，共在 131 个公安派出所、6 个镇、4 个街的管界，建立了 142 个街道办事处和 1035 个居民委员会。在建立工作中，贯彻了稳步前进、分批建立的方针，放手发动群众，充分发扬民主，统一调整了街道组织，全面审查了街道积极分子，并且一面建立一面总结推广运用新的组织开展街道工作的经验，进行了巩固工作。总体来说，收获是很大的，街道工作经过这一改革，解决了几年来没有解决的很多问题，得到较显著的改进。

　　由于街道办事处的建立，区人民委员会在街道上有了自己的派出机关，在对街道工作的领导上较前直接和便利，公安派出所解除非公安业务的负担后，不但使治安工作得到加强，而且民政工作和其他工作由街道办事处统一掌握，也便于领导。同时，建立街道办事处以后，街道工作干部的数量和质量都大为增加和提高。城内七个区原在公安派出所附设民政干事 437 人，现在街道办事处的干部实有 534 人，增加了 22％。各区还抽调了一批骨干担任街道办事处的领导工作。这样做的结果，一方面使街道办事处有条件承担区人民委员会交办更多的任务，一年来，区人民委员会的一些具体工作，如结婚登记等已陆续交街道办事处直接办理，不但减轻了区人民委员会的事务负担，而更重要的是便利了群众。一般的重要政策法令的宣传贯彻工作，也由街道办事处负责，从而改变了过去遇到较大的宣传任务便需由区人民委员会抽调大批干部组成临时工作组的情况。另一方面，在街道办事处的日常工作中，过去那种整天坐办公室应付群众来访的被动现象基本上得到克服，办事处工作人员开始深入群众调查了解情况,纠正工作上的缺点,及时解决问题,从而改进了工作,密切了政府和居民群众的联系。

建立居民委员会主要有以下三点收获:

(一)过去经常在居民群众中推行工作的有十几种至二十几种街道组织,由于组织繁多,领导多头,造成街道工作的忙乱现象。建立居民委员会时对原有街道组织作了统一调整,凡工作属于居民委员会任务范围之内的或属于行政机关的业务不应由群众组织进行的,原有组织一律取消。有重大政治意义的全国性群众团体的基层组织保留名义,工作由居民委员会负责,代表部分居民群众特殊利益或牵涉面不大的组织保留。经过这样的调整,街道上除居民委员会及所属治安、调解两个工作委员会之外,只有妇女代表会议、军属小组、合作社业务委员会、民主水站和红十字会小组 5 个组织单独存在。街道组织大大精简,积极分子兼职问题也得到相应的解决,目前多数积极分子不兼职,少数兼一二职,兼三四职的已是个别现象。更重要的是,经过调整,基本上解决了街道上组织混乱、领导多头的问题,使区政府可以对街道居民工作进行统一安排,实现统一领导。这是改进街道工作的一个关键。

(二)鉴于街道组织严重不纯的情况,在建立居民委员会时,首先明确提出街道工作应依靠职工家属和其他劳动人民来进行,批判了有些基层干部忽视积极分子的政治条件只看使用方便的错误观点,并对原有的积极分子进行了普遍审查和分类排队。凡成分好、历史清楚、作风正派、工作积极、联系群众的为依靠对象。历史基本清楚(或虽有问题但问题不大)、工作积极、作风上有些缺点但不严重的;成分好、历史清楚、但工作能力较弱的,以及成分虽不好但解放后各种表现证明其确已得到改造的都可以教育使用。有严重的政治问题或历史不清或作风严重恶劣的予以清洗。经过审查排队做到心中有数后,在居民中进行了广泛深入的宣传,号召群众选举历史清楚、为人公正、作风正派、热心为大家办事的人。群众对选举是重视的,他们把选举居民委员会看成是"小普选","要擦亮眼睛选好人",70％以上的居民积极参加了选举的各项活动,不少地方展开了热烈的讨论,介绍积极分子的优良事迹、揭露坏分子的历史情况和恶劣作风,对有缺点的积极分子也进行了批评和帮助。在群众的鉴别下,一贯积极热心为大家办事的再一次受到群众的拥护而当选,有严重政治问题或作风严重恶劣的大多数被剔除出去。同时,涌现出大批新的职工家属和劳动人民积极分子,整个街道积极分子的阶级成分比重发生了较大的变化。当选的居民委员和居民副组长中,职工家属和其他劳动人民约占 85％,资本家及其家属占 5％左右，无职业及其他占 10％。这样，整顿了街道积极分子的队伍，建立起以职工家属和其他劳动人民为主体的居民组织，对于在街道居民中贯彻政策法令、配合社会主义建设和社会主义改造事业有着重大的意义。

（三）原有的居民组织都以公安派出所管界为范围，辖区大、人口多，各个组织之间的关系不明确，加之没有一个统一的定型的组织把全体积极分子和居民群众组织起来，因而不但造成积极分子会议繁多、负担过重的现象，而且使街道工作不能深入贯彻。通过建立居民委员会，把全体积极分子和广大居民群众按地区统一组织起来以后，情况便发生了变化。由于居民委员会是全体居民的组织，可以统一安排工作，便于解决有关全体居民的问题，因此各项工作可以结合进行，减轻了积极分子的负担，而且有利于公共福利事项的兴办。许多积极分子反映："现在我们查卫生，也把房屋修缮检查推动了，去一个门办两件事，我们省事，群众也省事"，"工作虽多，但不乱了"。同时，这次建立的居民委员会一般有三四百户人家，每个居民小组一般在二三十户左右，由于地区范围缩小，使积极分子少跑道，特别是每个居民委员会分别负责一个居民小组，不但责任分明，而且他和本组的居民有着密切的联系，情况熟悉，进行工作有很多便利条件，因而通过居民委员会去发动和组织广大居民群众，比过去各个分散的街道组织都更为广泛和深入。

总之，建立街道办事处和居民委员会加强了街道居民的组织和工作。一年来各种重大措施接连不断地需要在街道居民中宣传和贯彻执行，街道工作的任务是很繁重的。街道办事处和居民委员会刚一建立便承担了这些任务，在组织发动广大居民群众响应党和人民政府的各项号召和贯彻执行政策法令方面发挥了显著的作用。反对使用原子武器签名运动中，街道居民百分之百地签了名；发行新币和兵役法宣传很快地做到了家喻户晓；平时街道上的群众集会，到会人数也较前有增加。许多干部反映：有了居民委员会后，各项工作的空白点大大减少了。同时，随着社会的发展，街道居民彼此之间的关系日益密切，加之他们对物质和文化的要求日益增长，于是出现了许多不是一家一户而是大家共同的问题需要解决。一年来，居民委员会带动居民群众做了许多有益的事情，例如修垫道路、增设渗水井、安装公用电表、修建同院厕所、成立托儿站等等，增进了居民的公共福利。尤其是在粮食工作中，居民委员会起了很大作用。由于居民委员会掌握每一户的具体情况，使评议和定量工作能够顺利进行。东四区和平里煤矿管理局家属宿舍的居民委员会在工作组的帮助下，很快地完成了"以人定量"工作，而邻近的林业部家属宿舍没有居民组织，该单位抽调20多个干部去进行粮食定量工作，由于不掌握情况，时间拖得很长，还发生不少问题，事后，林业部提出请街道办事处协助尽快建立居民委员会。事实证明，在国家大规模经济建设时期，社会主义改造事业迅速发展，街道工作日益繁重的情况下，街道办事处和居民委员会是两种必要的和适当的组织形式。

但是，我们在建立工作中，还有很多缺点，建立之后也发生了一些新的问题，主要的是：

（一）居民组织还不够健全。首先，还没有把所有的居民都组织起来，主要是有些机关家属宿舍没有建立居民组织，有些虽然分编了居民小组，但也流于形式，没有发挥应有的作用。其次，居民委员会所属调解和治安两个工作委员会的设置及其组成人员的产生办法，各区之间甚至一个区内都不一致，究竟怎样才合适，需加以研究。此外，不少居民委员兼任街道妇女代表会议的代表，会议冲突、互争积极分子的现象还有发生，居民委员会与街道妇女代表会议工作范围的划分和工作上的联系配合，也还存在一些问题。

（二）街道积极分子的队伍虽已经过整顿，但不纯的现象还相当严重，居民委员和居民副组长中，还有不少隐蔽较深的反革命分子和坏分子，须进一步予以清洗。同时，在贯彻街道工作应当依靠职工家属、劳动人民这一精神时，有些地区交代的不够全面，以致过于偏重积极分子的阶级成分，对于是否有条件出来工作注意不够，有些人当选后，"样样都好，就是没有时间"，尤其是工商地区所选的一些党、团、工会主要干部兼任居民工作，影响生产、营业的现象相当严重，须加以适当调整。

（三）在改进街道工作的方法方面，由于我们对过渡时期街道工作的繁重性认识不足，因而偏重于建立会议制度和其他工作制度、解决忙乱问题。对于如何使中心工作和经常工作相结合，如何进一步健全和严密居民组织，提高其工作效率，如何及时搜集居民的意见和要求等重要问题反而缺乏研究。而且在考虑工作制度等问题时，也往往是从平平稳稳进行经常工作的情况出发，企图建立所谓"正常的工作秩序"。然而，一年来中心运动一个跟着一个，街道工作的任务很繁重，结果制定的会议制度和其他工作制度大都不切合实际，建立了也不能坚持。这是一种保守思想和形式主义的反映，应当检查纠正。

1956年2月3日

抄送：北京市人民委员会办公厅、中共北京市委办公厅、北京市公安局、北京市司法局、市妇联、各区人民委员会。

北京市人民委员会关于克服街道工作忙乱现象的决定

本市街道工作中的忙乱现象，市人民委员会曾经结合建立居民员会进行过一次整顿，取得很大成绩。但是，自1955年夏季以来，本市街道工作又发生了严重的忙乱现象。最忙的是居民委员会主任、副主任和少数居民委员，他们一般每天要用5小时做街道工作，工作负担最重的每天要用11小时。街道上会议很多，例如西单区从春节起一个多月内，一般的街道积极分子参加了十三四次会议，居民委员会正、副主任参加了二十二三次会议。各单位交给街道积极分子去做的各种调查统计也很多，仅在西单区学院胡同办事处搜集到的统计表、调查表、登记表就有29种。有些统计表很繁杂，例如有一种捕鼠日报表，要填明多少只老鼠是居民打的，多少只是红十字会会员打的，多少只是妇女打的。市房地产管理局所发私有房屋普查登记表，包括20栏、47项，即使干部填写也有困难，却叫街道积极分子去填写。东四区中绦胡同居民委员会主任刘玉苹为填写扫盲统计表就费了21小时。街道工作这样忙乱，影响了街道积极分子的生产、家务和对子女的教育。他们说："干部还有星期日，我们比干部还累。""服兵役还得轮流呢！"有的街道积极分子听说要被推选为居民委员会主任，竟说："你们选我就害了我。"积极分子家里的人对这种忙乱现象也十分不满。

形成上述忙乱现象的主要原因是：

（一）市人民委员会向下布置工作缺乏统一安排，以致有些单位各自强调自己的工作是"中心工作"，是"紧急任务"，分别下达，并且脱离实际地规定了过苛的要求和过紧的限期。加之有些单位又习惯于老一套的工作方法，布置工作的时候，市、区、街都要召集街道积极分子开会；宣传工作中，动辄普遍召开群众片儿会，形式主义地要求做到家喻户晓。这样，就造成了街道工作的紧张局面。

（二）各区人民委员会对《城市街道办事处组织条例》和《城市居民委员会组织条例》中关于统一安排街道工作的规定坚持不够，没有起到"闸门"作用。因此，不但使某些能够结合进行的工作没有结合进行，甚至有时一件任务还多头重复布置，使很多街道积极分子一再参加内容完全一样的会议。有些街道上，在精简街道组织、减少积极分子兼职后，又陆续出现了例如捕鼠核心组、移民工作组和修房技术指导组等名目繁多的组织，对这种情况，区人民委员会也没有及时制止。

（三）有些行政、事业和企业部门的干部为了自己的方便，把自己应该做的工作推给居民委员会，除了许多调查统计工作外，还要居民委员会发放油票、粮票，代催房地产税，代办储蓄，代收电灯费，推销戏票、电影票，甚至叫居民委员替办事处跑腿送信、干杂活，许多街道办事处实际上已经把居民委员会当成自己的下级办事机构。

（四）各居民委员会组成人员目前已有很多缺额，没有及时补选，有些居民委员怕负担过重，不敢再出来工作，因此，不管什么工作，都找少数的积极分子去做；也有些居民委员会主任愿意"事事出头""包揽一切"，以致工作更集中在他们少数人的身上，造成负担过重。

上述种种原因，归根结底，是由于本市不少单位和不少的工作人员缺乏群众观点。他们在布置和进行工作的时候，热情是很高的，并且动机也是好的，他们确实想把各项工作做得又多、又快。但是，他们对于群众的实际情况却没有认真地考虑，对于街道积极分子的生产、家务和对子女的教育关心不够，因而在工作中只求完成任务，而不讲求完成任务的步骤和方法；只图自己的方便，而不管群众的不便，以致过多地耗费了群众的时间和精力，并且把许多好事办得不好，没有全面达到"又多、又快、又好、又省"的要求。因此，加强群众观点的教育，使所有的单位和所有的工作人员都能在实际工作中经常考虑群众的实际情况、关心群众的利益，是克服街道工作忙乱现象和改进今后街道工作的首要关键。

但是，思想教育工作是一项长期的工作，为了能够及时地克服街道工作忙乱现象，就必须从工作制度和工作方法上，立即采取切实有效的措施。为此，市人民委员会特作如下决定：

（一）今后，市人民委员会所属各单位需要在街道居民中进行的工作，必须提请市人民委员会批准后，由市人民委员会统一向区人民委员会布置。

（二）各区人民委员会对于市人民委员会布置的工作和区级机关需要在街道居民中进行的工作，应当按月统一安排。凡是没有赶上当月统一安排的工作，一般应当推迟到下月进行，如果是确实不能推迟的紧急任务，必须经过市、区人民委员会批准，才能在当月补充安排。各区人民委员会对于市人民委员会布置的工作，如果认为不应该做或者要求过高，进行有困难，应当立即向市人民委员会提出意见,要求重新考虑。如果发现群众团体的工作同行政机关的工作重复或者冲突的时候,区人民委员会应当及时联系协商解决;不能解决的时候,应当立即向市人民委员会反映,以便市人民委员会和有关部门研究解决。街道办事处和公安派出所也应当建立统一安排街道工作的联系制度。

(三)各区人民委员会、街道办事处和市、区各有关部门应当在最近根据《城市街道办事处组织条例》和《城市居民委员会组织条例》,对于在街道居民中进行的工作,做一次检查,切实纠正随便使用居民委员会组成人员和居民小组长等错误做法。同时,街道办事处必须向居民委员会组成人员和居民小组长等交代清楚,凡是不属于居民委员会职责范围以内的任务,他们可以拒绝接受。

(四)市、区各有关单位所发的统计表,必须按照市统计局关于统计表报审批制度的规定办理。今后,任何机关和事业单位的统计表、调查表、登记表,都不得交给居民委员会组成人员和居民小组长等填写。

(五)各单位需要召集居民委员会组成人员和居民小组长等开会的时候,必须一律通过街道办事处,并且由街道办事处统一控制。这种会议,每月总计最多不得超过6次。(不包括居民委员会自己决定召集的会议)每次会议时间最多不得超过2小时。

(六)今后,改选居民委员会的时候,应当尽量避免兼职;遇有居民委员空缺的时候,应当立即补选。街道办事处应当指导和帮助居民委员会改进工作方法,发扬民主,创造和推广先进经验,带动更多的人参加工作,并且把工作做得更好。今后,任何单位在街道居民中建立任何组织,都必填报经市人民委员会批准。

1956 年 5 月 7 日

杭州市上城区河坊街街道办事处
五月份上旬街道工作旬报

根据"杭州市上城区人民委员会五月份街道工作纲要"的精神,结合本地区具体情况,在五月上旬所贯彻各项工作汇报如下:

(一)兵役登记工作

成立兵役登记工作组,配合派出所完成对兵役登记人员的摸底排队工作。

(二)储蓄工作

本区有奖储蓄在原有的基础上逐渐上升,现已达到分配指标的 80％左右,并组织群众参观储蓄展览会一次。

(三)扫盲工作

全区展开评选工作,组织扫盲工作者、学员听报告,交待评选意义与条件,会后讨论及提出初步名单(老师 16 人,学员 18 人,扫盲工作者 5 人,保育员、妇女干部 5 人,先进单位 2 人)现正在进行审查材料中,本区评选优秀扫盲工作者名额:老师 6 人、学生 9 人、扫盲工作者 2 人、先进单位 1 人、保育员、妇女干部 1 人。

(四)卫生工作

在四月份消灭苍蝇突击运动的基础上,本月上旬进行一次红旗竞赛,方法采取挨户检查,消灭"死角";第二次红旗竞赛即将开始,大井巷、十三湾巷建立卫生检查日程表,每户七天进行一次检查,检查人员以配合消防检查为多。高银巷提出争取做一个无蝇无蚊区。

(五)改选工作

本旬以十三湾巷、理问所、嘉禾里居民区为改选地区,主要以结合中心和日常工作进行总结居民区一年来的工作情况,并组织居民讨论,提出候选人名单,内部进行审查材料合理搭配,目前等待进行表决组织成立。

(六)民政工作

本旬烈军属进行一次实物补助的评议调整,先召开荣属委员、小组长、优抚委员会议,进行排队提名,再召开烈军属大会进行民主评议通过,并对所有烈军属进行一次思想教育工作,达成评议工作的顺利完成。房屋修缮:嘉禾里、华光巷居民区各修缮一间,其余继续动员。

（七）协税工作

结合储蓄工作进行协税,本旬已光减税收指标的 50％ 以上,下旬可以100％完成。

（八）粮食调剂

本区余粮户 52 户,调出余粮 914 斤,缺粮户 40 户,进行调剂 731 斤,尚余183 斤。其次组织义务劳动人数 626 人。

报告上人委办公室

上城区河坊街街道办公室

1956 年 5 月

天津市人民委员会关于合并街道
办事处和合并公安派出所的指示

本市 1953 年区划调整后,在市内八个区设置了街道办事处 163 个、公安派出所 163 个。几年来经过各项社会改革运动,社会治安日益巩固,社会各阶层群众已普遍组织起来,街道居民组织日益健全。街道办事处干部和公安派出所干部、民警一般都有了几年的工作经验,熟悉掌握了当地情况,街道各项工作已经有了基础。

根据街道工作的发展情况,目前已有条件适当合并一些街道办事处和公安派出所,适当扩大街道办事处、公安派出所的管辖区域范围,这样就便于集中使用干部和民警,充实基层组织机构,加强领导。现计划将市内 163 个街道办事处、派出所各缩减 60 个,各合并成 103 个(缩减的分配数:和平区 8 个,城厢区 6 个,河北区 11 个,河东区 8 个,新华区 5 个,河西区 6 个,南开区 5 个,红桥区 11 个)。通过合并组织精简街干部编制 16 名,公安派出所干部、民警、勤杂人员精简 707 人。

合并街道办事处、公安派出所主要是在原有基础上进行,根据便利群众和便利工作的原则适当合理扩大管辖区域范围。应按照以下几点原则办理:(1)街道办事处和公安派出所辖区应一致,每个街、所管辖区域一般应在 4,000 至 6,000 户;(2)为便利群众,在划定街、所界限时一般不应打乱原有居民组织;(3)边沿空旷地区和居民居住分散地区,街、所不宜变动;(4)居民区暂不做调整变动。

街道办事处合并后,一般的下设 6 至 11 人,个别较大的街可增设至 13 人(附各区街干部编制表),街道办事处设主任 1 人,副主任 1 至 2 人。街主任条件应当是区科长级干部,各区人民委员会应加强对街干部的配备。今后为了补充街干部,增加新生力量,各区应有计划地注意培养提拔街道积极分子。

各区人民委员会接到指示后,应本着精简机构加强基层组织领导的精神,会同有关单位制定实施计划。这一工作进行时间可根据各区实际情况自行安排,但应注意抓紧,防止拖延太长。

在进行这项工作前,必须做好对干部、民警和街道积极分子思想动员工作,统一思想认识;做好交接的一切准备工作,不得因为并街、所使工作受到影响。希遵照办理。

各街干部编制表

区　名	原街数	街干部原编制人数	合并后街数	合并后街干部编制人数	新原编制增减人数
和平区	21	107	13	99	减 8
城厢区	15	75	9	73	减 2
河北区	26	138	15	129	减 9
河东区	24	134	16	134	不动
新华区	14	72	9	76	增 4
河西区	18	102	12	106	增 4
南开区	17	91	12	95	增 4
红桥区	28	149	17	140	减 9
合　计	163	868	103	852	减 16

注:此表包括街妇女专职干部及勤杂人员,但不包括街粮食干部。

1956 年 5 月 12 日

【选自《天津市政周报》第 196 期】

杭州市上城区关于改选居民委员会试点工作总结报告

　　本区自 1954 年全面整顿居民区以来,为期已有一年半,各街道居民委员会对贯彻政府各项中心运动,办理居民公共事项,做了不少工作。由于城市流动性大,又没有及时补选,以及新的形势发展,居民干部缺职日益增多,因此居民组织不健全的情况已经成为本区各街道中普遍性的问题了。针对这一情况,根据城市居民委员会组织条例的规定,结合本区具体情况,决定在第二季度分批进行居民委员会的改选。为了取得经验,指导全面,我们专门组织了力量,在大井巷、华光巷两个居民区进行了改选试点,现将试点工作总结如下:

一

　　大井巷、华光巷两个居民区的特点不相同:大井巷商业集中,手工业分布的比例很大;华光巷大部分系住家户,职工家属占相当比重,1954 年居民委员会整顿以后,主要干部大多数都由职工、店员、职工家属等劳动人民担任。由于居民组织健全、力量强、群众基础较好,这两个居民区的工作一向是做得比较好的。今年手工业合作化和资本主义工商业的公私合营以后,给居民委员会的情况带来了很大的变化。据大井巷的统计,13 个居民委员中由于生产企业改组或工作调动不能再参加居民工作的就有 10 人,其中店员职工占一半以上。华光巷居民区也有不少居民干部由于上述原因而离职,导致居民干部缺职多、无头领导、人少事多、工作推不动。因此改选和健全居民组织,已经成为居民干部和居民群众的迫切要求了。我们的改选试点工作就是在这样的情况下进行的。

二

　　这次改选的试点工作,是结合当前中心工作,在不影响居民群众的生产生活的前提下进行的。不是采取大呼隆①的做法。其改选过程大体分四步进行:

---

　　① 　大呼隆:形容做事只追求声势而不讲求实效。——编者注

第一步,街道办事处要自下而上、深入居民群众调查了解、培养积极分子,根据原有居民干部情况和新的积极分子情况进行分类排队,会同公安派出所进行研究,根据他们的政治情况、阶级成分、领导能力和工作需要,统一进行安排,做到心中有数。

第二步,帮助居民委员会总结居民区的工作,由居民委员会召开扩大会议,吸收积极分子参加,检查总结居民区一年来的工作成绩和缺点,然后再召开居民群众大会,由居民委员会向居民群众报告一年来的工作;并根据《城市居民委员会组织条例》的规定,向群众宣布选举下一届居民委员会。

第三步,各居民小组召开会议,缺干部的小组请新的积极分子召集会议,讨论居民区的总结报告,酝酿提出居民干部的候选人名单交办事处,由办事处会同派出所进行审查,着重是在政治历史方面的审查。再召开第二次小组会议,进行选举,产生居民委员会和副组长。

第四步,召开新当选的居民委员会议,副组长列席参加,相互推选主任1人,副主任2～3人。按文教、卫生、治安、福利、优救、调解、计划供应、协储等委员进行分工。召开群众大会。宣布新的居民委员会的成立,并在会后将当选干部的分工情况向群众张榜公布。

在改选的过程中,根据区妇联的委托,会同公安派出所密切配合做好对基层妇代会、治安保卫委员会的改选工作。其做法是:妇女委员会的选举,由居民委员会研究,向妇代会建议将各居民小组中的副组长(女的1人)作为妇女委员的候选人,然后由原妇女委员会召开基层妇代会进行选举。治安保卫委员会的选举,由居民委员会提出名单交派出所审查确定正式候选人名单,提交居民群众大会通过。

三

在这次改选试点工作中,我们认为有下面几点经验体会:

(一)发掘和培养居民积极分子进行排队是居民委员会改选工作最重要的环节。新的形势不断发展,居民干部中的店员、工人、手工业劳动者投入紧张的社会主义生产竞赛,失业工人、社会青年也都陆续就业或参加农业生产,他们当中有的已不再适合搞居民工作了,或者在时间和精力上受到一定的限制。与此同时,居民群众社会主义觉悟的提高,有不少劳动人民家属积极地愿意参加居民区的社会活动,这给居民组织带来了新的力量,因此应该紧紧抓住:1.根据形势发展需要,研究今后居民区应该以什么阶层作为领导骨干?哪些人可以作为辅助力量使用来确定居民干部的入选。改选的试点工作证明，主要应该从职工家属和其他劳动人民家属中选择和培养干部。工商户集中的地区,资本家家属中思想进步、热心居民工作的人可以吸收作为辅助力量使用。原来的居民干部除了因生产工作忙或个别发现有严重历史政治问题及作风非常恶劣的人以外,一般应继续留任。其中成分好、领导能力较强可以提任正、副主任干部。店员、手工业工人、独立劳动者、社会青年、临时性工人一般不宜考虑。但是在试点工作中我们对这方面考虑还不够,如华光巷新选出一个社会青年担任居民委员,三天后就外出就业了;2.要做好访问工作,首先向居民干部访问(主要是以前担任居民干部的职工,且情况比较了解又较可靠的),请他们介绍居民小组情况,那些人在今后可以做居民工作。再深入群众访问,了解他们有无其他牵累、征求意见,表示愿意担任居民工作的或者有条件担任居民委员工作的,应加以鼓励,对存在困难的要帮助解决,如有的职工家属往往会遭到公婆或丈夫的反对,就要通过各方面的关系教育说服他们的丈夫、公婆。3.办事处对积极分子要大力支持,在中心工作中应大胆使用积极分子,从实际工作中提高他们的工作能力,以树立他们的威信。4.办事处干部对新的积极分子要从发展眼光来看,不能要求过高,同时要克服"认为居民区目前无干部,没有积极分子可以培养"的保守思想。如办事处干部在安排大井巷居民干部时,思想上存在一些畏难情绪,认为干部缺,没有办法解决,后来经过深入群众,进行调查访问,问题就解决了。5.要做好严格的政治审查工作,防止坏分子或反革命分子混进居民组织。

（二）帮助居民委员会认真总结居民工作是教育居民干部积极分子的一个重要方法。如华光巷居民区召开了居民委员会扩大会议收取积极分子参加,在讨论中大家肯定成绩,同时以批评与自我批评的精神对居民工作中的缺点和对居民工作不正确的看法做了深刻的检查和检讨,特别是几个主要干部带头进行了检讨,如有的检查不团结,碰到工作就互相推脱,有的检查为生产服务思想不明确,工作中脱离群众,对群众态度生硬,有的检查自己工作上不负责任,光在嘴里发号施令。自己不动手,光叫别人做,搞救济工作的居民干部检查自己工作上做好人,对救济户缺乏教育,不根据救济户的经济困难情况,统统签上意见,请求政府酌情救助。通过这样的总结检查,教育了居民干部和积极分子,大家都明确自己做好居民工作也是为社会主义建设贡献一份力量而感到光荣,鼓舞了他们的工作劲头。副主任马敏(职工家属)过去工作责任性不强,可以推却的就推却,有的群众来找她,她睡在床上避而不见。通过这次总结以后,表现积极和其他居民干部商量把工作搞好。新的积极分子、职工家属毛胜珠不顾落后群众的挖苦打击,始终保持工作的热情,她表示不向任何困难低头,一定要把工作做好。又如该居民区过去开一个妇女代表会也有困难,这次开会不但人数到得多,而且准时地开起来。事实证明,总结居民工作的过程就是教育居民干部的过程。办事处要研究现实情况,拟好总结提纲,并要参加会议加以启发引导,但不能包办代替。

(三)改选工作应紧紧结合当前中心工作进行。这次改选试点工作,把每一次会议的内容都作了统一的安排,如开群众大会就结合布置和宣传除四害;开小组会议选举居民干部时,就结合讨论当前的肃反斗争;召开新的居民委员会进行分工时,办事处就将目前要做的几项工作交会议研究贯彻。这样不致顾此失彼,因改选工作而影响了其他工作,同时要适当安排干部力量贯彻中心工作。向反革命分子进行斗争起了一定的作用。但是我们这次安排干部力量方面还缺乏全面照顾。如对除四害工作没有组织一定力量来贯彻,使这项工作还停留在一般性的号召上。

(四)街道办事处与派出所要相互配合支持,在安排居民干部、治保干部、妇女干部时应从全面考虑,如这次在访问摸底时,发现有成分好、政治上纯洁的积极分子,即提供派出所作为治安保卫干部的培养对象,派出所情况较了解,对于居民委员会正、副主任人选、委员分工也提供给办事处不少情况和意见,从内部统一了思想认识,但存在的缺点是公安派出所个别民警同志在排除时对居民干部的政治审查不够,因此在个别居民干部还存在不纯的现象。

(五)有领导的充分发扬民主。从这次试点工作来看,改选居民委员会是居民干部和居民群众关心的一件事,这证明群众觉悟程度比起第一次改选有了很大提高,因此,必须依靠群众,相信群众,充分发扬民主,防止包办代替。提名的方法自下而上,由小组提名较好,不受约束,我们只要在会上强调认真选择那些历史清楚、作风正派、办事公正、热心为群众服务的人,是很易为群众所接受的,只要在工作上事先深入摸底,倾听群众意见,不主观办事,我们所安排的名单基本上是选得上的。但也不要受排定的名单所限制,华光巷第二组群众提出的干部候选人比我们初步排队的名单要好,就完全证明了这一点。在考虑正、副主任人选时,要深入摸摸群众的底,要使群众的意见和我们的意图一致起来,否则会是被动的。

(六)要保证劳动人民在居民委员会的领导,但也要根据地区特点,适当照顾其他阶层。从这次改选后的情况来看,基本达到这一要求,如华光巷居民区新当选的委员中,全部是职工家属和其他劳动人民,大井巷居民区工商户较集中,11个委员中,职工家属和其他劳动人民家属7人,占63.6%,资本家家属和其他非劳动人民成分4人,占36.4%。

四

居民委员会改选以后,在健全居民组织的基础上,街道办事处要积极帮助居民干部研究建立各项工作、学习、会议制度,加强对居民工作的指导,我们提出如下几点意见:

(一)居民区工作、学习、会议等制度

1.办事处每月要召开辖区居民委员会正、副主任会议3次,上旬主要是总结上一个月的工作,布置本月份工作任务;中旬主要是各居民区向办事处汇报上旬工作贯彻的情况和存在的问题,研究解决存在的问题和进一步贯彻下半月的工作,下旬主要是各居民区向办事处汇报一个月的工作贯彻情况,研究居民区的总结问题。

2.遇有中心运动或突击性的工作,办事处应事先做好内部研究安排,视其需要可临时召开居民正、副主任或全体干部会议或由分工块块的同志负责召开居民委员会会议进行布置贯彻,防止打乱制度一把抓的作风。

3.居民委员会(扩大)每月召开3次会议,上旬开会主要是根据街道办事处布置的工作,结合本居民区的实际情况,安排本月份工作,并研究具体做法和措施,按小组包干负责保证各项工作的贯彻。中旬开会的内容是检查上旬工作执行情况,研究下半月的工作;下旬开会主要是总结一个月的工作和研究部署尚未完成的工作,开展批评与自我批评。工作好的干部应予以表扬,有较好的工作经验要交流推广,对不负责任或工作存在缺点的要帮助纠正和改进,以进一步鼓舞他们的积极性。办事处要尽量每次例会指导,但不要包办。

4.组织居民干部学习每周1次,由各居民区的正副主任主持,学习内容,一般是学习时事2次、学习政策业务2次。时事学习的材料以杭州日报为主,由办事处统一确定。政策业务学习,资料由区人民委员会有关科室整理材料,办公室统一布置或采取按业务系统组织上大课,然后再按居民区组织学习。

5.居民小组会一个月应召开2次,由居民组长主持,组织读报或讨论贯彻工作,如工作需要得临时召开。

6.居民群众大会视工作需要,居民委员会可联系办事处派员帮助或单独召开。

以上开会的具体时间应与派出所共同研究,妥善安排,防止与居民区的文化学习冲突。各派出所切实注意不要打乱居民区的制度,教育治保委员服从居民委员会的统一领导。①

(二)要经常教育居民干部在中心与日常工作中带徒弟,培养自己的助手,干部调动要及时补选,以及时充实居民区的力量。

(三)居民委员会开会研究工作和学习时,办事处应事先帮助居民区做好充分准备,要求开会有内容、有目的,要推动和贯彻工作,要解决问题。

杭州市上城区人民委员会
1956 年 5 月 18 日

---

① 原文按:市人民委员会按:居民干部的会议、学习时间要适当安排。上城区所拟,时间占得太多了,应考虑精简。譬如居民委员会正、副主任会议和居民委员会(扩大)以一月 2 次,比较妥当。

杭州市民政局关于街道办事处和
居民委员会印章规定的通知

民〔1956〕字第 1194 号

各区人民委员会：

　　关于街道办事处和居民委员会的印章问题,经请示杭州市人民委员会同意,统一规定如下：

　　一、区街道办事处的印章,直径为四公分,单边,边宽一公厘,内刻××区×××街道办事处,自左而右横列。

　　二、居民委员会的印章,高三公分,宽四公分,单边,边宽一公厘,内刻××区×××居民委员会,自左而右环列。

　　三、印章的印文一律用宋体字。

　　四、街道办事处和居民委员会印章一律由区人民委员会统一制发,其旧印章在新印章启用后,即停止使用,上缴区人民委员会封存。

1956 年 5 月 24 日

杭州市中城区人民委员会有关改选
居民委员会的几个问题报请核示的报告

中人委总〔1956〕字第 883 号

杭州市人民委员会：

　　关于居民委员会的改选问题,我们根据本区具体情况,参考上城区的经验,作了研究。现提出几个问题报请核示：

　　一、关于居民区的区划问题:全区 9 个街道办事处辖区,共有居民 25300户,划为 93 个居民区,每个居民区只有二三百户。街道办事处的干部包括主任在内,只有 34 人(不包括粮食专管员),一般每人要分工管理 3 个居民委员会,因而就产生了一系列的问题:干部管理的头绪多,一件工作要分几次布置,一项资料要作几次调查,各个居民委员会的干部团结干群关系等许多问题又一个接着一个地等着解决。因而只得整天像"救火"一样东跑西跑,陷于事务繁忙,所以一般工作只能布置到委员一级的干部,很难抽出时间深入基层干部进行检查,更没有时间深入群众进行细致地组织教育工作。对居民干部也只是抓住几个积极的使用,帮助教育很少,对一般干部的培养提高更无暇进行,当然也更难于研究领导方法,积累领导经验。这种情况,严重地影响了各项工作的质量,阻碍着办事处工作的改进和加强。另一方面有些居民区户数不多,而工商户和集体户又占了相当比重,或者由于政治情况比较复杂,在挑选居民干部上,特别是挑选主要干部上有困难。此外,户籍警 1 人领导 2 个治保委员也感到很不方便;同时公安分局有打算,准备规定每个民警管理四五百户,但居民区的大小不相适应,在配备警力上也有些困难。

　　所以,我们准备通过这次改选,把居民区的区划作一通盘调整,在尽量减少干部的领导头绪的前提下,适当的合并和扩大,达到每一居民区 450 户左右。这样办事处的干部就可以每人管理一两个居民区,集中力量加强领导,深入下去,使整个街道工作得到适当的改进。民警也能 1 人专管 1 个居民区。居民区干部不足的问题也能得到适当解决。从上城区一年来的工作实践也证明了这样做对改进领导是有好处的。

　　但居民区划大之后,预期会加重主要居民干部的负担,他们能否领导得了的问题值得研究。我们和几个居民主任研究认为问题的关键在于我们对居民干部的教育和领导。过去的居民区虽小，也是"五脏俱全"。由于我们缺乏领导，许多干部不起作用，样样工作齐集一身，主要干部负担很重。今后居民区并大，充实干部力量，我们再加强领导，使每个干部都发挥应有的作用，各按系统，分工负责，重大任务相互配合，有大的中心任务全力以赴。这样主要干部不仅完全可以领导得了，而且还会适当地减轻一些负担。

当然，在调整居民区划时，要适当地照顾民警对地区政治情况的熟悉程度和群众习惯，尽量不要把原有居民区拆得太散。

二、关于居民区的组织问题：去年改选时，依照组织条例的规定，由居民小组各选委员1人组成居民委员会，感到干部不足，再设立工作委员会。这样存在着两个缺点：第一，不能根据工作需要，放手地把积极分子选到居民委员会里来，由于人数的限制，感到委员不够，不能根据业务性质，作细致明确的分工，往往一人兼管数种业务，负担过重。第二，设立工作委员会固然可以多吸收些积极分子搞工作，但增加了组织层次，往往影响一些工作不能及时贯彻，有些工作委员会的委员，事事依赖主任，不能独立进行工作也增加了主要干部的负担。

所以，我们准备在这次改选中，在不超出17人的原则下，不受居民小组的限制，多选一些委员。设主任1人，副主任3～4人，分别负责掌握各项工作。其他委员按业务性质明确分工。计划供应和社会福利工作较多，各设委员3～4人，分别负责各项工作。除治保委员外，不再设其他工作委员。一般业务工作，按系统由分工的委员负责贯彻。这样既有利于培养居民干部的专业化，又便于居民主任掌握全盘。

三、关于改选方法当中的两个问题：我们改选工作的基本做法是上届居民委员会向群众总结报告工作，居民小组直接提出干部候选人，经各组推选的代表，根据各组所提候选名单协商，分别确定居民、治保、妇女3个委员会和副小组长的候选名单，提交居民小组，讨论通过，举手表决。

进行协商，目的是在干部搭配问题上更广泛地征求群众意见，使居民干部、治保和妇女干部的搭配既能照顾全面，保证各个委员会都有可靠的领导骨干，又能保证治保委员会的纯洁和适合每个干部的特点，不至于轻重倒置，顾此失彼。比如某个小组治保干部可能比居民委员的工作能力更强些，如果单从小组的方便来看，群众就可能把治保干部推选为组长（即居民委员），而那个担任委员的对象也不一定能搞治保工作，会给干部搭配带来一定困难。通过协商，就可以避免这种情况。同时协商只是提出初步意见，还要经小组讨论通过,不仅不影响充分发挥民主,反而更便于群众挑选。万一某个小组提名当中出了问题,提出了不好的人,也可以通过代表提出适当理由向群众解释,保证居民干部的质量。

另外,关于妇女委员会的选举问题,按规定应由妇女代表会议选举,但当前妇女代表缺额很多,代表的广泛性很有问题,所以,与区妇联研究的结果,准备不再召开妇女代表会,而由各居民小组的全体妇女会议直接选举。

四、关于居民委员会的办公费问题:居民区合并后,办公费的使用不会有什么减少,若按照标准发,每个居民区每月 4 元必然不够用。所以我们建议在不增加财政支出的原则下,提高标准,或者按过去 93 个居民区的款数照常发给我们,由我们统一掌握使用。

五、居民委员会的办公地点是不是可以挂牌子,希作明确规定。另外,居民委员会的图章由哪级机关制发,样式、名称是否要修改。

抄送:杭州市民政局

1956 年 6 月 11 日

浙江省杭州市人民委员会
关于改选居民委员会几个问题的批复

杭政办〔1956〕字第 349 号

中城区人民委员会：

你会 6 月 11 日(56)中人委总字第 883 号报告悉。对改选居民委员会的几个问题分别答复如下：

1.关于居民区的区划问题。同意你会所拟,结合改选居民委员会,将目前的居民区划做适当调整和扩大,已经改选结束的区和已经做过调整的区,不必再动,可下次改选时再一并考虑。居民委员会是居民的自治组织,调整前必须广泛吸收居民群众的意见。

2.居民委员会的组织问题。不设立工作委员会也是可以的,但居民委员会委员最多不得超过 17 人,每个居民小组必须有 1 个居民委员。

3.关于改选方法问题。为了保证居民组织的纯洁和合理搭配干部,在选举前,对候选人进行一次协商,这是可以的。协商时必须充分发扬民主,切实防止强迫命令和包办代替现象。

4.居民区区划扩大后,原居民区办公费标准由民政局、财政局研究。

5.居民委员会的印章样式,可按照今年民政局的通知办理。居民委员会挂衔牌问题,上级没有明确规定,需研究后再作决定批复。

浙江省杭州市人民委员会

1956 年 6 月 28 日

抄送：各区人民委员会、市公安局、民政局、财政局

江西省九江市人民委员会
关于克服街道工作忙乱现象的决定

本市自从去年结合建立居民委员会,对街道工作进行整顿以后,街道工作中的"五多"忙乱现象基本上得到了克服,街道基层组织领导加强了,基层干部的政治觉悟、工作积极性进一步得到了提高,从而在组织与领导全市居民积极投入并保证中心工作的进行等方面取得了不少的成绩。但是,由于我们平日对街道工作缺乏具体领导和深入了解研究不够,某些制度执行得不彻底,存在的问题不能及时予以解决。因此,目前街道工作中出现了忙乱现象,工作缺乏正常的秩序和全面安排,街道办事处的工作形成被动。任务来了抓居民委员会,有的单位还不通过街道办事处直接布置到居民委员会,造成居民委员会的工作忙乱,据了解最忙的是居民委员会主任、副主任,他们一般每天工作 5 小时以上,有的是整天在街里,晚上还要开会。例如双峰街第四居民委员会主任周桂芬成天在街里搞工作,平均每天的工作时间总在十个小时以上,而会议很多,除街道办事处有固定的居民委员会主任、副主任会议外,各单位也直接找居民委员会主任、委员开会,一个月总有 10~12 次,中心工作的时期一天就有 4~5 个会,造成委员不知参加哪个会好,妨碍了基层干部和积极分子的生产、家务和对子女的教育。有的由于整天忙于街道工作,无法照顾家务而导致夫妻间吵闹,如官牌夹街妇女主任丁菊英,爱人在纱厂做工回来吃不到饭就骂她不应该做居民工作,严重地影响了他(她)们之间的和睦。少数基层干部因劳碌患了病,有的因对忙碌的街道工作感到厌烦,开始产生退坡思想,有的说:"街道只使用我们,但对我们教育帮助就没有"。

为什么会形成上述忙乱现象呢?

一、市人民委员会对街道工作缺乏具体安排、控制不严;因而各个单位可以随便向下布置工作,各自强调自己的工作是"中心工作""任务紧急",要求过紧过急,造成下面忙乱。有的单位在工作方法上也存在毛病,遇事就发通知召开会议,布置的工作完成如何,不深入检查,只是召开会议听取汇报,因此使基层干部的会议增多。在干部使用上较普遍的是抓积极分子或者是找主任、副主任,对其他力量不去运用或运用很少。因此,居民委员会主任、副主任的工作最忙。

二、街道办事处的工作长期没有计划,对街道工作缺乏全面安排。因此,也就没有起到"闸门"的作用。各单位来了任务就开会布置,缺乏自己的工作计划,对布置下来的工作任务不善于结合,对力量的使用也缺乏通盘考虑,因而形成主任一人包揽,工作忙乱。

三、有些单位的干部,为了自己的方便,把自己可以做的工作也推到居民委员会去做,把居民委员会的委员当成是自己使用的部门人员,要他们帮助推销戏票、电影票,代催房租,代催税款,代销报纸,调查统计数字;有的街道还要居民委员会委员在街道办事处值班、跑腿,开会时干杂活。多数街道办事处把居民委员会当成是自己的下级机构,造成居民委员会委员成天在街里忙碌,得不到休息。

为了克服目前街道工作中存在的忙乱现象,建立街道工作的正常秩序,特作如下决定:

一、今后各单位需要街道办事处协助进行的工作,均应报请市人民委员会批准,并由市人民委员会统一安排布置。各单位不得直接向街道办事处及街道居民委员会布置工作,凡未经人民委员会布置的工作任务,各街道办事处及居民委员会均可拒绝接受。

二、各街道办事处对市人民委员会布置的工作应当按月安排,凡是没有赶上当月统一安排的工作,除了确实不能迟缓的紧急任务,经市人民委员会批准在当月补充安排外,一般均应推迟到下月进行。各街道办事处对市人民委员会所布置的工作如果认为不妥,或进行有困难均可提出意见,报请市人民委员会重新考虑解决。

三、各街道办事处接到市人民委员会的工作安排后,应提出自己贯彻执行市人民委员会的工作安排的具体进行计划,但在计划工作时必须与派出所取得联系。居民委员会应按照街道办事处所布置的工作计划,制订自己的行动计划,贯彻执行。

四、各单位所发的调查统计表,必须报经市计划委员会批准,否则街道办事处或居民委员会可以拒绝填报。今后,除了必须的表报调查由市人民委员会直接布置外,任何机关和事业单位的调查统计表、登记表都不得交给居民委员会组成人员或居民小组长等填写。

五、各街道办事处应帮助各居民委员会建立分工负责集体领导的民主集中制度。对那些基层干部担负工作过多的应适当减少,最多不得兼任三职,同时应克服居民委员会主任、副主任工作过重和包揽一切的事务工作现象,借以发挥全面领导的积极作用。居民委员会的委员缺额过多的应当立即补选。街道办事处应该经常地帮助居民委员会建立工作秩序、改进工作方法,订立必要制度,以提高他们的工作效率,更好地来完成党和政府交给他们的工作。

六、严格控制各种会议。今后街道办事处和居民委员会的干部会议,未经市人民委员会批准(党群团体未经市委批准)均不得直接召集(办事处召集居民委员会开会不在此限,但也要控制,最多每月不得超过 6 次)。各单位需要召开街道办事处或居民委员会开会,也必须事先提出计划报市人民委员会统一安排、统一召开,这种会议每月最多不得超过 6 次,每次不得超过 3 小时。

以上决定,希各单位、街道办事处,居民委员会切实贯彻执行。

九江市人民委员会

1956 年 6 月 29 日

许宝驹向全国人民代表大会常务委员会
作杭州市、杭县视察报告^①

办代〔1956〕字第 119 号

民政局、公安局、工业局、城市建设委员会、教育局、卫生局、商业局、供销社、各
区人民委员会、郊区办事处:

　　兹转发全国人民代表大会代表许宝驹向全国人民代表大会常务委员会关
于杭州市、杭县视察报告及给省、市人民委员会关于视察本市的一些具体意见
各一份。《杭州市、杭县视察报告》中有关基层政权和街道工作部分(丁,存在
问题)由民政局会同公安局及各区人民委员会研究处理;有关工业方面的问题
(戊,关于杭州市地方工业计划上的几个问题)由工业局研究处理;有关农村工
作方面意见(己,关于农村方面应当注意的几件事)由郊区办事处处理。又许
宝驹代表给省、市人民委员会的关于视察本市的一些具体意见中提出的 5 个
方面的问题,分别由城市建设委员会、教育局、卫生局、商业局、供销社、西湖区
人民委员会处理(各个问题的后面已注上了哪个单位处理的按语)。

　　各单位接到本通知后对许宝驹代表的意见,应即认真研究,迅速处理,于
9 月 10 日前将处理情况报告本委。

浙江省杭州市人民委员会
1956 年 8 月 28 日

抄送:市委政法部

杭州市、杭县视察报告

甲、视察过程

5 月 17 日到达杭州,6 月 6 日离杭,共 20 日。在杭州视察了市内的 6 个

---

　①　原文标题为《杭州市、杭县视察报告》。

区（上城、中城、下城、西湖、江干、拱墅），6个街道办事处和公安派出所，24个居民委员会。听取了杭州市人民委员会各领导同志们的报告，杭州市城市建设委员会副主任和杭州市房地产管理处处长的报告。分别邀请杭州市人民代表开了三次座谈会。个别访问了一些有代表性的社会人士。在杭县3天，视察了临平镇、塘栖镇、兴桥乡和兴桥乡的第二高级农业生产合作社，都分别举行了座谈会。

乙、视察的重点

我视察的主要目的：是要了解区人民委员会、街道办事处和居民委员会的工作情况和存在的问题。区人民委员会是地方国家权力机关的执行机关，是国家行政机关的基层组织。街道办事处是区人委会的派出机关，也是基层的工作机构。居民委员会是自治性质的居民组织，在工作上受街道办事处的指导（部分工作并受公安派出所的指导）。更是与居民群众日常生活紧密地连结在一起的。以上3个机构性质虽各有不同，但都是地方基层组织。国家一切政策、法律、法令和上级的决议等等如何贯彻执行，绝大部分要依靠以上3个基层组织去做。同时，群众的意见和居民日常生活中的各种问题，均须及时汇集、反映、处理。它们的工作可以说是巨细无所不包，任务是非常繁重而复杂的。因此，我视察这三个基层组织，花费的时间较多。关于在杭县视察农业生产和高级农业生产合作社的情况，因时间匆促，了解不多（正值农忙的时候，须防视察工作妨害农民田间工作的时间）。在这里就不写报告了。

丙、区人民委员会、街道办事处、居民委员会的一般情况

随着社会主义改造事业的进展，经济基础有了很大的变化，因此市、区人民委员会的任务在分工上也起了很大的变动。去年区里边较大的工厂已集中由市管理，今年已全部归市管理了；商业和手工业也都划归市管了。改造后，区的经济工作部门已没有了，只能做些为经济服务的工作。区方面是对此有些意见的，因此，现在正重新考虑市、区分工问题。现在打算：工业仍暂归市管，商业和手工业准备留下一部分，在手工业方面那些服务性、流动性、修理性的行业，如果集中起来，不但影响生产，而且对群众不便，这些仍归区管理，在商业方面，与人民生活密切有关的如粮食、油盐、百货、饮食、理发、洗澡等项归区管理。这种办法是正确的，现正在研究决定中。区里边关于经济方面的工作比以前减少了很多，但新的任务又增加上去。现在主要是抓

街道工作,如扫盲、储蓄、绿化、兵役、除四害、动员参加农业生产等等,工作很多,亦很觉繁重。

街道办事处是按照公安派出所的管辖区域设立的。每一单位设干部3至5人,工作很忙,许多事情都要找到他们。现在工作据说有40种之多,如银行储蓄、认购公债、保险、绿化、除四害、消灭吸血虫病、红十字急救站、消防检查、调解纠纷、危房修理、居民、幼儿班、认字班、业余学校、优抚救济、介绍临时工、收房租、抄电表、推销戏票等等。当然,有些工作还是要和公安派出所一起来搞的。大体说来,我所看到的街道办事处,尚能符合组织条例所规定的"加强城市的居民工作,密切政府和居民的联系"的意旨。

居民委员会是群众自治性的居民组织。它和街道办事处的情形一样,工作很忙,积极性亦很高。在居民中本着"大家事,大家办"的原则,发挥组织力量推动工作,起了很大作用。诚如顾副市长所说:"正由于基层工作搞得好,使我们有不少力量可以用在以工业为中心的经济工作中去,如果没有这套机构,我们的工作和居民日常事务的处理是不可想象的。"

丁、存在着的问题

(一)首先要指出的:一个是地方各级人民代表与选民的联系问题;另一个是地方各级人民代表与本级人民委员会的联系问题,整个说来,亦就是地方国家权力机关所发挥的作用问题。我视察的重点虽在市辖区,而这里所指出的问题亦包括着市的本身和杭县两个镇。

市、区、镇各级的人民代表大会自1954年7月起至今年5月止,市人代会开了4次会议,区、镇开了3次。每次会议,都能代表着人民的意见,发挥了一定的作用。从提案方面可以看出:1954和1955两年群众所要求的主要是市政建设、物资供应,文化需要,劳动就业等方面的。今年反映的意见多数是生活福利、环境卫生方面的,尤其对于干部服务态度不满意,提出了深刻的批评(例如拱墅区人代会以前提出了建造中学,设立医院,修建大关桥等议案,区区人委会先后都办了,现在群众是对教师和医师的质量提出意见。又如江干区今年4月间召开的人代会,出席的代表82人,在大会发言的就有30人。发言中集中批评了区人委会领导上存在着的右倾保守思想,对区的各个部门工作进行了批评,代表们亦联系了自已进行自我批评)。这些都看出了政府的工作成绩和人民当家作主的认识日益提高,这是非常可喜的事。但是代表与选民的联系是否已够密切,确能反映群众的意见和要求,以协助本级人民委员会推行工作呢？据我了解，这方面还是不够的。在地方各级人民代表大会和地方各级人民委员会组织法第 20 条虽有 3 项具体规定，尚未能完全做到。现在联系的办法主要是在人代会前向人民群众征集提案，会后向群众传达（这会前会后的工作，有的地区做得很细致，有的地区做得比较粗糙，情形不一），其他联系方法是不多的。（不是没有，是做得不经常，缺少计划性，例如偶尔开些座谈会等。）有些选民已忘记选举了谁去当代表。有些代表自己说：因为忙于自己的岗位工作，亦忘记了自己是人民代表。西湖区副区长对我说："有些代表选举出一两年还没有同群众接见过。"像这样彼此相忘于无形的情况，如何能发挥人民代表的积极作用呢！因此，市、区领导同志们说："希望全国人代会常委会对人民代表与群众的联系问题做一些研究，规定一些制度，以明确他们的任务，发挥他们的作用。"

市、区、镇各级人委会与本级人民代表的联系方法大致有以下几种：1. 人民代表会议；2. 建立人民代表定期来信制度，将所见所闻、意见、批评、建议、感想等写信给人委会，人委会做了处理并做答复；3. 代表到人委会面谈；4. 通过提案处理来联系代表；5. 按工作性质的不同，分别组织代表小组，研究问题，反映意见。这些方法都是很好的，而且亦行之有效。问题在于这些制度执行还不经常，工作做得不透，对某些提案和来信有时候处理的不够及时。各地区对这一项工作重视或不重视，执行的积极或不积极，在程度上很有差别。

总之，市、区、镇人委会的工作成绩是肯定的，但对其本级人民代表这一力量的配合和运作还是不够的。我体会到市人委会、市辖的区人委会、区以下的街道办事处和居民委员会这一套工作机构能力发挥的强；而市、区人代会这一体系能力发挥的比较弱（县、镇两级亦如此）。我以为必须设法提高代表们的积极性，才能更好地发挥人代会的力量和作用。这不仅是有助于人委会工作的推进，而且是做好基层政权工作以巩固人民民主专政和人民民主制度的基本问题。

（二）区人委会对街道办事处的领导方法，基本上有两个方面。一方面是各部门和各工作单位的工作，由区按轻重缓急，统一安排下去，再由街道办事处进行分工。另一方面，由区派出干部下去帮助，采用典型示范，取得经验，全面推广的方法。另外，则是以召开业务会、组织学习等方法进行领导。这些方法都是好的，但有时并不能贯彻实施，中心工作一忙就打乱了。例如统一布置工作这一项，就有好几个居民委员会主任向我表示说："各个部门的工作不统一，各部门都直接向居委会布置，都认为自己工作重要，都强调自己工作紧急，有时一天下来十几件，搞得居委会很忙，很乱，因为这样，有些居民干部就觉得很苦闷。"这种个别情况亦是有的，应当立即纠正。居委会组织条例对于这项本有规定，应照章程办事。

（三）街道办事处的人少（大的办事处有5个干部，小的有3个），事多（上面已经说过，工作有40多种）。忙不过来，急于抓基层力量，而抓的面又不广，只抓居民区的少数积极分子，对一般群众下的功夫甚少。对基层力量是单纯使用，对思想教育工作做得较少（区人委会工作亦有此缺点）。个别干部对群众疾苦的关心还不够，如有的救济户跑三四次问题也得不到解决。为了粮食问题常与居民争吵，态度生硬。这些缺点都亟须改正。

（四）街道办事处和公安派出所都是在一起办公的，这样双方便于联系。双方服务的对象都是居民，街道工作做的好坏，与这两个单位的协同配合有很重要的关系。双方有时亦有矛盾，如工作上、时间上的安排，街道干部的安排等等，有的自己协商解决了，有的解决不了，由区里根据情况来安排解决。这个问题不大，但总需多商量，多开碰头会，经常研究工作，以解决一些工作上的争执问题。

（五）居民组织中的骨干分子本来就感缺乏，在社会主义革命高潮中，就业的机会多了，很多人就了业，这是一方面；另一方面，部分的小商店，改造后，营业好了，很多人没有空闲再搞居民工作。因此，目前居民组织存在着残缺不全的情况（例如拱墅区有一个居民区原有30多个干部，现在只有3个干部了）。居民中的骨干多是妇女，男的不多，大约一半以上的居委会主任是女性。女性主任一面做居民工作，一面还要管理家务，确实太忙。例如我视察中城区羊血弄居委会，一个妇女干部工作很积极，我了解到她时常晚上出去开会，夜间回家时，两个小孩在门前等候妈妈，常常就在街道上睡着了。（这类的例子太多，举不胜举）这位妇女干部的工作精神自可钦佩，但从另一方面想，小孩子睡在街道上总是一个须待解决的问题。要解决干部缺乏的恐慌，只有大力培养新的骨干，选拔积极分子，特别要加强政治思想工作，以期获得逐步解决。

（六）居委会干部们工作既忙，生活亦苦，政府为照顾他们，每月有12元生活补助费发给街办处，酌量情形，给予补贴，但街办处将此款控制的很紧，每月尚有盈余上缴，因此亦不免影响居民干部的生活。实际上每月12元的补助费，数目太少了，应该再增多，使居委会负责干部确能得到实惠，解决一些生活上的困难，才能鼓起兴趣，好好干活。居委会的主要任务虽是"办理有关居民的公共福利事项"，但政治上一切设施要贯彻到群众中去，居委会担负了很重大的责任,政府对这一基层组织必须很好地领导,用力扶植。

戊、关于杭州市地方工业计划上的几个问题

(一)杭州市由于是省辖市,不是一级计划单位,因此除了年度、季度计划外没有长期计划,这样就缺乏一个长期的奋斗目标,首先就不可能更好的发挥各部门及基层单位的积极性。其次,由于没有一个长期的计划,工作上的被动亦越来越多。例如,本市主要的丝绸工业,1956 年计划任务是 1200 万公尺(不包括手工业生产合作社 626 万公尺)较 1955 年增加达 30%以上。由于事先准备不足,发生了较大困难,如劳动力要增加 1000 人左右,在设备方面,主要设备织机要增加 250 台,虽然均系利用搁置的旧机器,但修配工作就需 4000工以上,非常紧张。辅助设备的线锭则更为紧张,除了从棉布中设法解决一部分外,依靠实行星期日停人不停机器勉强解决,而最近丝绸公司已提出初步意见,在 1957 年须再增加 65%以上,估计要增加绸机 500 台,线锭 10000 锭以上,相应的要解决厂房问题,劳动力则需增加 1500 人。虽然到 1957 年还有半年时间,但要筹划解决这些问题,已经显得非常被动。如果有一个长期计划,则许多准备工作如设备的增加、劳动力的培训,都可经常地有计划地进行。再次,由于没有一个长期计划,对地方工业的改造(技术改造)、改组方面亦会造成一定的盲目性。例子亦甚多,兹不再举例。

(二)对地方工业基本建设的控制是应该的,但对三项拨款(新产品制造费用、技术组织措施费用和零星基建)控制得过严。由于地方工业一般地是设备潜力大,但不平衡,设备亦较陈旧,安全生产条件亦差。根据人民需要不断地增加,地方工业应当不断的发挥潜力,事实上往往只花少量的钱,即可获得很大效果,但往往限于费用,因而不能及时解决。如杭州榨油厂只要花 15000 元增加一只蒸缸,出油率就可大大提高,一年就可收回 10 万元,但由于费用没有,不能解决。又如本市棉布生产,贸易部门根据市场需要增加新的品种,只需改装一下机台就可以解决,但由于需要 24500 元而不能解决,亦就不能生产。地方工业中这种例子很多。因此,我认为今后除对地方工业的基建须控制较严外,对于三项拨款则应增加。这样更可促进工业生产方面的积极作用,发挥更大的效果。

(三)产品平衡方面问题:由于我国地方大,情况比较复杂,许多产品的销售情况不可能完全了解,因此对某些产品在中央统一平衡控制下有必要给予地方一定的机动性,以便更好地发挥地方工业的积极性。例如杭州市水泥工业于 1955 年第三季度时接到中央通知要减产,从 31000 吨减为 26100 吨;但本市所产水泥供应农村水利建设和本省工业与市政建设,需要甚为迫切,如果停工减产就会造成很大的损失。

工业产品由国家加以一定的平衡控制是必要的,但可以划定一定的供应范围(基本上是就地供应),除各地区之间平衡调剂的数字加以控制外,还可根据本身供应范围内需要变化情况,由地方加以调剂。

己、关于农村方面应当注意的几件事

我这次在杭县农村所看到的农业生产和高级农业生产合作社一般情况,了解不多,现仅指出几件似乎应当注意的事:

(一)乡村干部目前还是半脱产,每月只拿 26.7 元,但实际上是全脱产。乡干部思想上搞不通,主要是生活问题。现在有的乡干说:"如果不当乡干部,自己专搞生产,每月总有几十元出息的。"有的说:"不要说半脱产,就是全脱产也忙不过来。"个别乡长甚至说:"最好不要选我当乡长了"。这是并乡以后产生的新矛盾。最好能多有几个全脱产的干部,以集中力量搞好工作,并安定他们的生活和思想。

(二)高级农业生产合作社担负的款项费用种类颇多,如保险费(7 万元)、自筹经费(占农业税的 7%,包括小部分的小学民办经费在内)。信用合作社的投资、供销社的扩股,脱产干部的补贴、公债(杭县全县农民共摊公债 195270 元,每个农民约分摊五角,数目不大)等。这是我所知道的杭县农业合作社的情况,其他地方情况如何,我不清楚。这些担负是否过多,因我没有仔细计算过,不敢断定,但从种类上看来,似应当注意的一件事。

(三)上边发给合作社的调查表格过多,有年报表、季度表、月报表、旬报表,各种临时性、专门性的调查表,有农业生产的,有文教卫生的,分门别类,五花八门,全年共计有 300 多份。(由省里发下去的有 120 多份,还有一百几十份是各部门发下去的)有许多表格制定的很精密,颇不容易填写。乡干部人少事忙,文化水准亦不高,难免造成"临表涕泣"的情势,这亦是可以注意的一件事。

以上是我视察了杭州市和杭县所做的简要报告。此外还有若干比较细小而具体的事件,已另行通知浙江省人委会和杭州市人委会,在这里就不再报告了。

我视察杭州市、杭县的报告除已写交全国人民代表大会常务委员会外,另

有一些比较细小的事，现在直接向你会报告，请审阅，并备参考。

　　此致

浙江省人民委员会、杭州市人民委员会

许宝驹

1956 年 7 月 31 日

　　一、我对于杭州市的建设规划认为是很好的，现在只提出关于建筑方面一些事：(1)在以前建筑造价每平方米为 80 元，有时还要高得多(例如水电学校)。自去年反对大屋顶和浪费现象以来，每个平方米造价为 50 元，这个数字是不是规定的太紧，建成的房屋有时不合实用？据反映本市建造儿童医院，批准的造价每平方米 55 元，经过该院设计和苏联专家的审查，要求提高造价，但未能办到，因此房屋亦就很不适用。(2)文化区集中了很多学校，现在各学校打铃，互相影响，秩序很乱，以后是不是还要更多的集中，这是可以考虑的。(学校不宜过多集中在一个区，理由甚多，不是单纯打铃的问题)(3)本市下水道跟不上城市的发展，现在阴沟的污水都流入东河、中河两条河里，很不卫生。现在的设计是想利用拱宸桥两个厂——华丰造纸厂和联合丝绸厂的管子，把市内的部分污水流入江内，这个办法究竟能够解决多少问题，我不清楚。下水道问题在本市是个相当严重的事，早日获得彻底解决才好。

　　本市房荒，据我了解绝非短时间内所能解决。目前只希望新建的机关、学校等必须同时把宿舍建造起来。新来的职工、教员不要再和原住居民拥挤在一起，再增加房屋的恐慌(以上意见由城市建设委员会处理——市人委按)。

　　二、关于儿童教育方面一些事：(1)学校教育在不断加强，但校外教育很差。本市小学校建筑都缺乏空的场地，儿童没有活动场所，只能在马路上乱跑，在小巷子里吵架。今年秋季起小学改为二部制后，儿童之友半日在校，半日无人管束(他们的父母都有工作)，更成问题。因此，有些校长、教师向我反映，希望政府能在市区内设置一些简单的儿童活动场所，如阅览室之类，这是校外教育所需要的。(2)据说某某机关有一个通讯员，因其品质很坏，被调到农村当小学教师，但他还是乱搞妇女，侮辱女性，不知怎么现在又分配在市内做小学教师。因此就有人说，政府对教师的质量太不重视，把坏人往小学里送。(这件事据说是西湖小学校长反映出来的，并有市人大代表在开大会时提出质询，不知是否确有此事，我在杭匆促未暇调查)(3)在除四害运动中，有不少小学生用石子打麻雀打伤了同学的头，有的用手数捕死苍蝇的数目，很不卫生,应加强教育。我想就是免除了小学生这项任务亦是可以的。(4)刀茅巷一个小学,设在仁爱医院开放性结核病房前,这是很不适当的,应当分开(以上意见由教育局处理或联系有关部门处理——市人委按)。

三、关于医院方面的事:(1)医院都集中在中城区,分布欠平衡。主要的问题还是门诊太拥挤。据有些反映说,拥挤的原因是由于经济关系,譬如各地区也有诊疗所,但挂号费贵,医院就便宜,因此大家都挤到医院去;看中医是好的,但药贵,吃不起。群众对医院意见最多,这是急需设法解决的。(2)有人反映西山医院的建筑造价每平方米200多元,但目前利用率很低,该院约有200张病床,现在(5月到6月间)只住了20多个病人,太不经济,拟请开放(但我又听说,干部们生病的很多,该院亦很拥挤,所谓利用率低,或者是偶然的现象)。(3)干部患结核病的日见增多,防痨工作应当加强。本市还没有一个结核病防治所,虽有防痨协会,但是个群众团体,而且只有一个干部(由卫生局处理——市人委按)。

四、国营公司在分配摊贩货源比例上不合理,如水果分配时,搭配一部分滞销货和烂货,不但影响摊贩的资金,且亦影响人民的卫生,即应纠正(由商业局、供销社处理——市人委按)。

五、外宾来游览的日益增多,小孩子们像看西洋镜一样,都围着看,似乎不大好,似可由学校和居民委员会两方面对他们加以教育(范围亦只限于西湖附近地带)(西湖区人委处理——市人委按)。

杭州市上城区人民委员会关于转发《拱墅区人民委员会关于桥西居民区职工家属教育试点工作总结》的通知①

上人委办〔1956〕字第 1318 号

各街道办事处：

现将拱墅区人民委员会《关于桥西居民区职工家属教育工作总结》转发给你们，为了使街道工作有效地为经济建设服务，希你们参照该区意见，结合本地区情况，进一步围绕为生产服务开展街道工作。

杭州市上城区人民委员会

1956 年 9 月 3 日

拱墅区人民委员会关于
桥西居民区职工家庭教育试点工作总结

从建立街道办事处以来，为生产服务的观点虽然有所明确，但只局限于一般社会福利、调解纠纷、文教卫生等方面的行政事务工作。如何使街道工作更好地为生产服务，特别是做好工人家庭的教育工作往往是"头痛医头，脚痛医脚"，不能做出显著成绩。随着社会主义革命高潮的到来，在杭州市第九次党代表会议后，批判了右倾保守思想，进一步明确街道工作为生产服务的重要作用。按照区委指示，经过调查研究，确定二季度在工人家属聚居的桥西居民区开展对职工家属教育的试点工作。

四月下旬开始，确定以"五好"作为向职工家属进行教育的中心内容，在结合中心运动完成日常业务的前提下，经过将近两个月的探索过程，已初步取得一些成绩，暂将工作总结如下：

一、基本情况和采取的工作步骤

（一）桥西居民区的特点是职工家属多，工种复杂，且分散居住在各里弄

---

① 原文标题为《杭州市上城区人民委员会通知》。

中,全区 407 户居民中职工家属有 365 户,占总户数的 89.7％,其中有棉纺织厂职家属 242 户,占 66.3％,麻纺织厂职工家属 19 户,占 5.2％,华丰纸厂职工家属 15 户,占 4.2％,搬运工人家属 29 户,占 7.9％,海员工人家属 25 户,占 6.8％,机关、团体、学校、手工业社、组等职工家属 35 户,占 9.6％,职工家属中经济情况:生活条件较好占 41.8％,生活尚好的占 44.2％,生活一般可过,但居住、衣着较差的占 23.4％,经济困难的占 0.6％,其中以华丰、棉纺、麻纺等大厂的职工家属经济条件较好,搬运工人家属其次,海员工人家属(特别是一般普通船工)较为困难。

(二)职工家属中普遍存在的几个问题是:(1)生产观点不明确,思想认识较差,对职工劳动强度缺乏深切的体验,因此有的工人下工回家,还要做管小孩、烧饭等家务琐事,特别是夜班的工人,更因此得不到充分的休息和睡眠,家属对职工生产很少过问,更缺乏应有的鼓励。(2)经济观点较严重,虽然大部分家属对职工照顾较好,但主导思想还是依靠丈夫"吃饭",其中亦有部分家属对经济缺乏妥善安排,有钱就花,前吃后空,不够就逼职工到互助会去借,增加了职工的经济负担。(3)职工家属之间纠纷多,约占职工家总数 50.2％,严重的如傅莲娣在一条里弄中户户闹转,连一根晒衣服的竹竿亦借不到。婆媳姑嫂之间的争吵,邻里之间的刁骂,往往牵涉到工人受气,严重地影响了家庭和睦和职工家属之间的团结。(4)在客观条件上,因分散居住,环境扰乱,更普遍的是居住条件差,住宅狭小,对职工照顾也存在着一定的难度。

由于存在以上的问题不仅使职工不能得到充分的休息,增加了职工的经济包袱,影响了生产,更严重的是还出现了些不应有的事故,如棉纺织厂工人马毛□,丈夫在华丰纸厂工作,因经济不统一、婆媳不和引起夫妻吵架,不但第二天旷工,连正在生病的孩子也没人照管,结果造成孩子死亡,职工傅海林因夫妻不和,吵闹离婚,情绪不好,造成旷工和被机器轧伤手指的事故。

(三)针对以上问题,我们通过居民干部、积极分子,深入调查研究,了解职工家属经济、文化、家庭关系和思想动态基础上,作了详细的排查,分析原因,发掘了做好职工家属工作同生产的内在联系,明确街道工作为生产服务的具体内容后,着重对职工家属进行了基础教育与"五好"教育,通过新旧社会对比,明确社会主义前途,从而树立生产观点,要求他们做好家务,带好孩子,照顾好职工生活,按照居民区实际情况,展开反复讨论,并表扬一些先进人物,树立模范旗帜,有准备的帮助他们解决家庭、邻居纠纷,妥善地安排经济,还组织他们参观工厂,以加深对生产的理解,最后通过"五好"评议,巩固教育成果,建立经常的学习检查制度。

二、收获

通过较深入的基础教育与"五好"教育,结合具体问题,使职工家属的思想认识都有了不同程度提高,特别是对"五好"有了深刻的理解,他们把"五好"作为自己争取的目标,认识到做好"五好"与搞好生产的关系,家庭和睦的关系,邻里团结的关系,他们反映说"做到'五好',对国家生产有利,对自己家庭有利",又反映说"家庭和睦,就是幸福""全家一条心,遍地是黄金""远亲不如近邻,急难之中叫四邻"。过去经常打小孩的,现在也体会到过去实在是"打在儿身上,痛的是自己"。"五好"的教育,使职工家属明确了以下几个问题:

(一)明确了生产观点,认识到搞好家务与社会主义建设的关系,目前绝大部分职工家属都能主动地照顾职工生活,基本上做到使职工"吃好,睡好,休息好,出全勤,不迟到"。不少家属妥善地带好孩子,不使孩子吵闹,看着时钟,按时叫职工上班,过去经常要和丈夫闹的戴秀婉,现在也主动地照顾好丈夫的生活,鼓励他好好生产,争取入党。家属严稻□还经常向职工的媳妇了解生产情况,问:"有没有出次货?"

(二)初步扭转了单纯经济观点,克服了工人做工是做牛做马的错误思想,过去不能妥善安排经济的,现在也初步学会了安排经济,家中有时有些困难,亦不告诉职工,自己好好克服。如家属金杏花过去没钱用要迫女儿到厂中互助会去借钱,现在也学会安排经济,不叫女儿操心。

(三)增进了职工、职工家属之间的团结,家庭邻里之间的纠纷亦有了减少,如婆媳关系一直不好的叶春梅和沈效珍,夫妻经常吵闹的戴彩凤,现在都不吵了,就连邻居一年多不开口的刘若君和宣宝庆也和好了。职工家属毒打小孩的现象也有了改进。

(四)进一步密切了党和政府与人民群众的联系。家属普遍感谢政府,他们说:"共产党、毛主席真正关心劳动人民,不仅领导我们翻身,领导我们建设社会主义,连我们家务事情都管到。"

三、体会

(一)对职工家属教育,是一项细致、复杂、长期政治思想工作,这是街道工作为生产服务的主要内容,要扭转家属中的经济观点和不问生产的倾向,彻底解决受旧社会影响而遗留下来的夫妻、家庭、邻里之间的各种问题,必须进行耐心的说服教育工作。职工家属中的思想情况是复杂的,必须根据地区特点,深入调查研究,了解他们的经济、文化、家庭关系和思想动态,按照实际情况,发现问题的实质,要针对根源去解决问题。对职工家属思想转变,须有客观的眼光正确的估计。当然,彻底消灭从旧社会遗留下来的一切问题,不可能在一朝一夕全部收效的,因此,要防止急躁情绪,我们对他们当中有一点转变,都要加以珍视、巩固。另外,也应在工作中防止放任自流的右倾畏难思想产生。

(二)工作中必须充分发动群众,依靠群众,特别是发动好群众中的积极分子,做好开展工作的骨干力量。

首先要教育好居民干部,让他们明确工作的重要意义,更大胆使用他们,组织他们讨论开展工作的具体计划,交代任务、办法,使他们心中有数,这样他们就会主动地去收集家属中的思想情况,组织座谈讨论,进行个别访问,帮助有纠纷的家属搞好夫妻、家庭、邻居关系,提高了他们工作的主动性、积极性。如居民干部施泰英等人,以"分别教育、小组交换、对面和好"的办法,解决了将近一年不开口的邻里纠纷;又采取"了解纠纷根源,分头解决问题"的方法,解决了不少夫妻、家庭纠纷,保证了职工家庭和睦,邻里团结,使工作顺利进行。

另一方面,主要发动社会力量,通过职工家属去帮助职工家属,以达到互相督促,共同提高。

(三)做好职工家属中的思想教育工作,是做好职工家属的主要关键。根据职工家属中存在的问题,我们着重进行了指明社会主义前途的教育。明确生产观点,要求他们做好家务,带好孩子,和睦团结,保证职工吃好、休息好、出全勤的"五好"教育,教育应以正面教育为主,通过表扬先进人物,适当批评落后思想,讲解内容必须通俗、实际、全面、生动、防止偏废。而这次在进行基础教育时,偏于旧社会妇女受压迫,结果是一些男性家属不愿听,妇女诉男人的苦,在进行"五好"教育时,过分强调了对社会主义建设的关系,有的家属就是无法同自己的关系联系起来,使国家利益与个人利益达不到一致性的认识,形象化的教育也能对职工家属起到一定的教育作用。如定次组织家属参观了工厂,加深家属对工人劳动强度的理解,使他增加了实际知识,从而更好地照顾好工人的生活,教育中还需结合解决职工家属中存在的一些具体问题,如解决纠纷问题、住宅问题等等。但我们在配合工厂,解决工厂中当前存在的具体问题不够,如杭州棉纺织厂,当前存在问题是缺勤率高、次货多、没有向职工家属开展教育,因此,与工厂的配合作用不强。

开展"五好"评议(对外不宜称评议)是通过职工家属自觉检查后,明确自己的优缺点,在教育的基础上巩固已取得的成就。评议是不要把它形成斗争会,要以自我检查为主。

四、关于建立职工家属组织问题

由于职工家属分散居住在居民区中,如单独设立工属委员会,会形成和居民委员会的对立。即使全面地发动其他阶层的群众来共同做好职工家属工作,亦有困难。因此,我们在居民委员会下设一副主任,每一居民小组设一个组长,必须是工人家属,来专门管理工属工作。这样既能使工属工作有专人负责,又能发动全体居民干部和社会力量来共同搞好工作,并且能精简居民区组织过多的现象。

由于职工家属工作是一项经常性工作,这就必须同中心运动、日常工作妥善结合起来,教育职工家属的目的就是为了提高家属思想觉悟,明确社会主义前途,树立生产观点,它与中心运动、日常工作的目的完全一致,同时在"五好"教育中也包括了这些内容。如改选居民委员会时改选□结合较好□□□培养了工属中的积极分子,顺利地完成居民委员会的改造任务,但在兵役工作中,开始时曾一度因结合不好而使工作停顿,后我们纠正这一缺点,采取"会会不离,五好教育"的方法,进行"自己参加社会活动好"的教育,动员大多数家庭参加兵役活动,如调节工作上采取了"家庭和睦,邻里团结好的教育"使本来需要调解处理的纠纷,通过教育,防止了纠纷的发生。

此外,在工作中还须要有全面观点,抓住工作重点全面安排工作。

五、存在问题

(一)我们对职工家属情况和思想变化掌握不够,对存在问题处理不够及时,目前个别邻居吵闹,家庭不和等情况还是存在。在教育方面,经济观点批判得不够深刻,因此个别家属生产观点还是不够明确,教育范围也只限于职工家属,没有发动居民区其他阶层的家属共同来做好"五好",有很多事情,如带好孩子,减少纠纷等安定环境,非单独职工家属所办得到的。

(二)缺乏与有关单位的联系,特别是配合解决目前生产上存在的关键问题做得较差,像当前部分工厂生产上存在的主要问题是产量差、缺勤率高,这一方面我们就没有突出的来进行工作。另一方面,由于联系不够,家属与职工的教育不平衡,往往亦因职工方面引起家庭纠纷。

(三)在帮助职工家属解决困难方面也做得不够,部分家属特别是海员工人家属,经济上多少存在着一些困难,我们组织他们进行互助或反映给有关单位就做得不够,另一个较严重的是须要解决住房问题,往往因房间狭小,甚至有夫妻子女五口一床的情况,加上天气炎热,全家不能入睡,影响职工休息(这个问题建议有关部门研究解决)。

(四)由于家属都分散居住在居民区中,往往因小贩叫卖,来往行人高声谈笑,特别是小孩吵闹影响夜班工人的睡眠,对如何控制小贩叫卖,来往行人谈笑,需进一步加以研究。致于小孩吵闹问题,据调查,小孩多而分布面广,如:如意里有 112 个小孩,敬胜里一弄 11 个墙门内有 30 多名小孩,举办幼儿班,家属反映经济困难,因此这个问题亦尚待研究解决。

六、今后工作意见

对职工家属的教育是一项繁琐而长期的政治思想工作,今后必须在结合中心运动完成日常业务工作的前提下,将工作转入正常化,依靠居民干部发动群众,针对着存在的问题进一步来做好以下工作:

(一)继续加强对职工家属的政治思想教育,同时也加强对社会各阶层人民的教育,提高他们的思想认识,进一步明确生产观点,密切联系有关单位,及时配合解决生产上存在的关键问题。

另一方面是全面发动职工家属订立五好计划,检查制度,求得继续巩固提高。

(二)继续发动居民干部和居民群众来解决职工家属中的各种纠纷问题,减少纠纷的发生,增强家庭、邻里之间的互助团结。

(三)加强对保持环境安静的工作,教育群众,关心职工的睡眠、休息。在主要里弄口设立安静的标志,组织职工家属随时控制小贩叫卖和行人的高声谈笑,解决管理好小孩的办法,着手组织幼儿班。

(四)及时了解职家属的经济情况,联系有关部门,通过辅助和社会互助来解决困难。

【由杭州市上城区档案馆提供】

杭州市上城区行宫前街道办事处选举试点工作的具体计划[①]

上街办〔1956〕字第 220 号

为了取得经验,指导全盘的选举工作,根据杭州市 1956 年选举工作计划的指示,本区确定在行宫前街道办事处进行试点,于九月中旬开始,预测十月初结束,现将选举试点工作计划拟定如下:

一、行宫前街道的基本情况

行宫前街道办事处共辖 7 个居民委员会,计有 2763 户,12710 人,其基本特点是商业较为集中,商店公司遍及主要街道,各种行业的手工业生产组织也为数不少,工厂、学校、机关等集体单位计有 27 个,根据地区的特点,按居民委员会为单位划成 4 个选区进行选举工作。

二、试点工作的要求

第一,做好选民资格审查工作,要求做到不让一个应该有选举权的公民被错误地剥夺庄严的选举权利,也不让一个不应有选举权利的人窃取庄严的选举权利。

第二,发动选民自觉、热烈地参加选举,使参加选举的选民高于第一届普选时的比例。

第三,充分发扬民主,使选民按照自己的意志把社会主义建设和社会主义改造事业中涌现出的先进人物及积极拥护走社会主义道路的其他方面有代表性的人物,选举到政权机构中来,补充国家机关的新生力量。通过选举进一步发挥人民群众的政治积极性和生产积极性。

除此以外,在试点工作中,应积累选举工作的每一步骤的收获和经验,全面、及时地进行总结以指导整个选举工作的开展。

---

① 原文标题为《上城区行宫前街道办事处选举试点工作的具体计划》。

三、组织领导

在区选举委员会领导下,成立选举工作队,设队长 1 人,副队长 2 人,下按选区成立工作组,设组长 1 人,组员 2 至 3 人,由队统一领导进行工作。

四、工作步骤、做法及时间安排

(一)准备工作阶段

1.组织干部学习,熟悉情况。试点干部集中后,首先学习选举工作的有关文件,明确选举工作的意义、政策、要求和具体做法,统一思想认识,拟定工作计划,并结合学习初步熟悉地区情况。包括选区范围、户数、人数、居民的生产、生活和政治等基本情况;街道居民干部、积极分子情况以及地区的工厂、机关、学校等集体户的分布和情况。(时间 3 天,但不计算在整个选举工作时间内)

2.组织训练街道居民干部和积极分子,由办事处将适合担任选举工作的居民干部和积极分子组织起来,进行学习,内容为这次选举工作意义、政策和具体做法,学习方法以报告为主,讨论辅助,时间为 2 天。在训练完毕后,即根据他们的政治、文化等条件和工作能力,按选区进行分工,并成立选民资格审查小组。

3.召开辖区机关、工厂、企业、学校等集体单位人事干部或户口管理员会议,说明做好选举工作的重要性,要求他们指定专人在选举工作队的领导下负责办理本单位的选民审查登记、宣传教育和组织选举时工作,负责选举工作的人员参加基层干部的训练。

4.按居民小组划分选民小组,集体户按单位划分选民小组。

5.在试点选择 1 或 2 个有代表性的选民小组,先进行选民登记,便于得出经验,指导工作。

此外并做好选民登记名册、统计表格,开会会场等物质准备工作。

在准备阶段的工作中主要应抓住基层干部的训练工作,提高他们对选举工作的认识,充分发挥他们的积极性,围绕着这一工作进行其他各项准备,以上工作在 3 天内完成,自 11 日至 13 日。

(二)宣传动员和选民登记阶段

1.宣传动员工作。通过报告和组织讨论的方式向群众开展广泛深入的宣传教育工作,使群众明确选举与自己的切身关系,珍重庄严的选举权利,积极投入选举活动,并按选区组织宣传鼓动队,负责各项宣传活动,充分运用居民业余剧团、民间艺人等社会力量,在选区四周设立广播站和利用黑板报、墙报、标语横幅、橱窗布置等进行口头和文字宣传,在群众中造成热烈地选举气氛,做到家喻户晓,深入人心,在宣传动员中并应注意运用条条的力量和发挥人民代表的作用。

2.选民登记工作。在宣传动员的同时,根据现有户口资料和普选的选民名册,将选民登入选民登记表,经过审查后,张榜公布,具体做法为:

(1)根据户口资料和普选名册,由工作组进行选民登记;

(2)将选民登记名册交选民资格审查小组进行重点审查;

(3)根据选民名册,张榜公布选民名单;

(4)组织选民审查选民资格;

(5)填发选民证。

3.重点审查选民资格。在进行选民登记的同时,工作队即会向派出所将所掌握应剥夺或恢复选举权利的材料按选区为单位,进行排队,根据他们的表现和法律规定提出剥夺和恢复选举权的意见,提交选民资格审查小组,进行逐个审查讨论,经小组审查通过后,即上报区人委和公安部门核批,在进行这一工作的同时,应由派出所对被剥夺选举权利和恢复选举权的人,个别或集体的进行思想教育,讲明政策,对地主分子恢复选举权利的应由本人申请,群众讨论,选举委员会审查,区人委批准,恢复其选举权。

宣传动员和选民登记阶段的工作,是极为细致复杂的一项工作,任务比较繁重,这一工作的好坏对整个选举工作的开展关系很大,因此必须在人力和时间上加以妥善安排,使工作相互密切结合,切实防止工作偏差和混乱现象的产生。时间估计为5天,自14日到18日止。

(三)组织提名阶段

1.由区选举委员会邀请有关各方面的代表人物和这一地区的有代表性的居民进行协商,联合或单独提出代表候选人初步名单。

2.召集居民干部和各阶层有代表性的居民会议,了解群众的思想动态,征求他们对代表候选人的意见。

3.召开群众大会,将代表候选人初步名单,提交选民讨论。

4.区选举委员会根据选民最多数人的意见,加以认真修改和补充,确定正式候选人在选举前3天公布。

　　组织提名的过程是一个细致的思想工作的过程,必须深入宣传政策,说明道理,充分发扬民主,并可以根据具体情况,组织选民访问代表候选人等活动,加强选民与代表候选人的联系和了解,以推动选举工作的进行。

　　(四)选举阶段

　　在选举前后应充分地做好思想组织和物质准备:

　　1.组织选举工作人员,分工负责选举中招待、宣传、联络、监票等具体工作;

　　2.召开群众大会进行动员,教育选民自觉、热烈地参加选举并讲明选举的方法,投票时间一般是 12 个小时;

　　3.选举结束后,当即召开群众会议开箱计票,宣布选举结果,公布当选代表名单。

　　(五)做好试点选举工作,必须掌握以下几个问题

　　1.统一认识加强领导,参加试点工作的干部,必须搞通这次选举的意义、政策要求和具体做法,在思想认识和步调上取得一致,在工作中应加强集体领导,干事共同商量、团结互助、发挥工作上的积极性和创造性,共同做好试点工作。

　　2.充分发挥民主,放手发动群众,开展自下而上的批评与自我批评,激发群众参加国家建设和国家管理的积极性,从而加强干部的法制观点和群众观念。克服官僚主义,改进领导作风,推动当前的生产和工作,并切实防止简单草率包办代替的行政做法和强迫命令的作风。

　　3.认真做好宣传教育工作,广泛、大张旗鼓地开展宣传,使群众了解选好代表对自己的切身关系,珍重庄严的选举权利,自觉、热烈地投入选举活动。

　　4.严格按照政策办事,干部必须认真切实地学习选举工作的各项政策原则,慎重处理剥夺选举权利问题,并注意加强请示,保证确切的执行政策。

　　5.选举工作应围绕生产,适当结合其他中心工作进行,使选举工作成为推动各项工作的政治力量。

　　6.提高警惕、防止反革命分子和其他坏分子乘机破坏,对于反革命的破坏活动及时予以揭发,并根据选举法的确定,由人民法院组织处理,以确保选举工作的顺利进行。

杭州市上城区人民委员会

1956 年 9 月 11 日

【由杭州市上城区档案馆提供】

国务院关于城市街道办事处干部列入国家行政编制和提高居民委员会补助标准问题给河北省人民委员会的批复

1956 年 7 月 5 日你省关于将街道办事处干部纳入国家编制和提高居民委员会补助标准的请示收悉。现在批复如下：

一、城市街道办事处干部，可以列入国家行政编制；每个街道办事处的编制名额，应该在城市街道办事处组织条例规定的 3 人至 7 人的范围内，由各地根据实际需要加以确定。

二、居民委员会委员的生活补助费，应该按照 1955 年 12 月 21 日内务部财字第 22 号、财政部财行范字第 166 号的联合通知规定的标准办理。

杭州市下城区第二届基层选举工作计划

根据全国人民代表大会常务委员会第八次会议关于《直辖市、市、市辖区、乡、民族乡、镇的第二届人民代表大会代表的选举,一律在 1956 年办理的决定》和国务院关于 1956 年选举工作的指示,结合本区具体情况,并参照 1953 年选举工作的经验,制定本区第二届基层选举工作计划如下:

一、意义和要求

目前正是我国社会主义革命进入高潮时期,在这一新形势下进行选举工作,使全区人民和国家机关工作人员受到一次深刻的社会主义民主教育,更加激发起参加国家建设和管理国家事务的积极性,加强国家机关工作人员的法制观念和群众观念,改进工作作风,克服官僚主义,密切政府与群众的联系;并且使国家机关补充新生力量,充分发挥人民政权在国家政治生活中的重大作用,从而进一步健全人民民主制度,调动一切可能调动的积极因素,进一步推动我国社会主义建设和社会主义改造事业前进。为此,必须加强领导,充分发扬民主、放手发动群众,依靠全区人民的力量,做好这次选举工作。具体要求如下:

(一)认真做好选民资格的审查工作。要求做到不让一个应该有选举权利的公民被错误的剥夺庄严的选举权,也不让一个尚未改变成分的地主阶级分子和反革命分子窃取庄严的选举权利;

(二)在广泛深入地宣传教育,明确选举工作政治意义的基础上,启发选民的政治热情,引导其积极参加普选运动,做到参加选举的选民人数一般高于第一次选举时选民参加选举的比例;

(三)做好选举代表的工作。充分发扬民主,经过群众鉴别,使选民充分按照自己的意志把社会主义建设和社会主义改造事业中所涌现出来的各方面的先进代表人物及其他方面有代表的人物选举到政权组织中来,使国家机关在政治上、组织上加强起来。

二、组织领导配备训练干部

（一）依照选举法第 35、36 条的规定，本区经区人民委员会决定报市人民委员会备案成立区选举委员会，由陈金爱副区长任主席，委员由 12 人组成。根据工作需要，成立办公室，设主任 1 人，副主任 2 人，办公室下设 4 个组，在办公室统一领导下，分掌各项具体工作：（具体另有工作细则）

1. 秘书组，负责秘书行政工作；

2. 宣传检查组，负责掌握宣传教育，组织宣传力量，对各工作队工作的检查，以及对选举工作中配合法庭有关控告案件的调查等事宜；

3. 选举事务组，负责选举区人民代表大会代表的选举事务工作；

4. 选民资格审查组，负责选民资格审查工作。

（二）各街道以街道办事处为单位，分设 11 个普选工作队，设正副队长，队下每选区成立工作组，设组长 1 个，组员 1 至 2 人，负责选举中各项具体工作。

（三）成立法庭，受理群众检举、控告案件。

（四）干部的配备和训练。

各工作队的干部基本上均由所在地的街办、派出所为主，并向有关单位抽调，要求在十月上旬调齐。干部集中后即开始组织训练。训练内容：首先是进行动员，解决干部对选举工作的统一认识；其次是交代选举工作的任务、政策与做法。由市选委集中报告，区负责组织讨论，结合实际研究本地区选举工作具体步骤与做法。单独成立选区的集体户应由该单位抽调干部参加统一学习后在所在地选举工作队指导下，负责开展本单位选举工作。

三、代表名额

根据选举法第 18 条规定及市的指示，人口在 10 万人以上的市辖区及 1000 人至 1500 人产生代表 1 名的精神，特规定本区人民代表大会代表以 1100 人左右产生代表 1 名，全区据公安分局九月份统计有人口 152144 人，则共须产生代表 139 名。

四、时间安排和工作的具体步骤

根据国务院《应该集中力量，争取用较短的时间做好选举工作》的指示精神，要求在十一月全部完成基层选举工作，具体安排为：

（一）10 月 10 日前基本上做好户口全面核对选民资格审查选区划分。

按照街道办事处管辖范围的大小，初步划为 40 个选区，其中包括满 1000 至 1500 人口以上工厂、企业、机关、学校等单位，够产生一名代表以上的可以单独划成一个选区的原则，划有集体户选区 4 个，以及选区代表安排及其他有关选举的准备工作，为全面开展提供有利条件。

（二）训练居民干部及积极分子（10 月 19 日至 23 日）。

在争取用较短时间做好选举工作和本区干部力量不足的情况下，训练居民干部积极分子充实力量，培养助手更好地开展普选工作更为需要。为此，采取先干部后群众的方式，对组长以上一级居民干部先走一步，采取做什么学什么原则，第一课要求使之了解选举工作的意义、政策和做法及区工作开展的大致步骤，统一思想，端正认识。第二课贯彻代表候选人提名工作，待工作进入这一阶段时由工作队自行上课。同时吸收一部分政治纯洁、有一定文化水平、能联系群众、办事公正、工作负责的居委会干部、妇女干部、治保干部，并吸收一定数量的居民积极分子作为技术干部，由区统一训练。

（三）大张旗鼓地向群众进行宣传教育工作（10 月 23 日至 29 日）。

做到家喻户晓，要求随着工作的进展始终贯彻深入地宣传，反复说明选举工作与群众的切身关系，什么人有选举权，什么人没有选举权，教育群众珍重庄严的选举权利，选好代表。为了便利群众，应尽量利用生产空隙或者结合生产进行教育，方式上以大会报告为主，结合小组讨论，并广泛运用黑板报、广播和各种宣传工具。特别应注意发挥各单位系统、人民代表、居民干部和妇女的作用。

（四）选民登记和选民资格的审查（10 月 23 日至 28 日）。

为便利群众，切合实际，采取普遍登记，重点审查的方式进行，具体做法为：

1. 选民登记不再设选民登记站和到站的办法，而是根据现有户口册参照上次选民登记的材料进行登记，并在当地选民参加之下组成选民资格审查组重点审查选民资格，向群众公布选民名单，按选民小组组织选民讨论已公布的选民名单。公布选民名单时应按门牌号数及以户排列，划分选民小组时应注意不妨碍生产、工作、学习。作息时间的一致以便利群众参加活动，不打乱原有居民小组为原则，每组人数可按具体情况 10 至 50 人左右划定，指定召集人。关于选民名单应在选举前 15 日公布。

对于选民资格问题的检举和申诉，区选举委员会和区人民法院迅即依法审查适当处理。

2.审查选民资格应根据宪法、选举法,《1953 年中央有关选民资格的若干问答以及有关的政策》办理。各机关、团体、工厂、学校的选民登记和选民资格的审查应指定秘书、人事部门的干部在选举工作组的指导下负责进行这一工作。

(五)酝酿协商进行代表候选人的提名工作(10 月 28 日至 11 月 8 日)。

代表候选人的提名,采取有领导的联合提名和选民单独提名相结合的方式:(1)首先通过本区共产党、民主党派、各人民团体和生产合作组织等有关方面酝酿,征求意见;(2)由选举委员会邀请以上各方面代表进行协商提出代表候选人初步名单;(3)将初步名单先提交居民干部积极分子贯彻然后交选民讨论,区选委会并且依据多数选民的意见,加以认真的修改和补充确定正式候选人,在选举前 3 天公布。

(六)选举(11 月 9 日至 15 日)。

可在简便易行的前提下参照第一次普选的方式进行。一般应根据选民的生产和工作时间,按照选区设立一至数个选举法进行选举,在方法上根据选举法第五十五条规定,按本区具体情况,采用设站无记名投票方法,但应注意流动选民、水上选民的选举问题,一般可采用流动票箱、书面委托和通信选举的方法,然后召开选民代表大会集中开箱。15 至 22 日各工作队即应进行扫尾工作,进行工作总结,清理文件,干部鉴定等工作。

(七)代表选出后,区人民委员会即召开第二届人民代表大会第一次会议。

会议议程是选出本届区人民委员会的组成人员和市人民代表大会的代表;审查上届区人民委员会的工作;讨论解决群众当前迫切需要解决的重大问题。根据组织法规定,建立代表固定联系制度,并且结合实际需要整顿和健全人民委员会的各种组织制度,以充分发扬民主,巩固选举的成果。

召开区人民代表大会的日期自 11 月 15 日至 11 月底前结束。

五、必须注意和掌握的几个问题:

(一)选举工作是一件复杂细致的工作,当前各项工作十分繁忙,而选举又必须在较短的时间内完成,因此,必须紧紧抓住以生产为中心,大力搞好选举工作的方针,根据具体情况,进行适当安排,并使选举工作成为推动当前生活和工作的政治动力。要求各工厂、机关、团体的党政领导对普选工作加以重视,大力支持使生产、普选二不误。

(二)在整个选举过程中要充分发扬民主,遇事与群众商量,在进行工作时应该调动一切可以调动的力量,要防止简单草率,包办代替等行政做法和强迫命令的作风。

(三)切实掌握政策,慎重处理剥夺选举权利问题,对那些经过法律手续改变成分的地主阶级分子、摘掉反革命帽子的反革命分子都应当给予选举权利,对于漏网的地主阶级分子和其他需要剥夺政治权利的分子,应该依照法律经区人民委员会决定或人民法院判决剥夺其选举权利。

(四)每一工作告一段落即应总结经验,工作结束后,要抓紧时间做好善后工作,各工作队、组应及时整理材料,总结工作,区选委会应做好经费结算工作。

(五)提高警惕,防止反革命分子和其他坏分子乘机进行破坏,对于反革命的破坏活动要及时予以揭发,并根据选举法第 62、63、64 条的规定,对破坏选举的人由人民法院严肃处理,以确保选举工作的顺利进行。

杭州市下城区选举委员会

1956 年 10 月 17 日

杭州市下城区 1956 年选举工作的宣传计划

目前我国正处在伟大的社会主义革命高潮中。在这一新形势下进行今年的选举工作，将会推动我国社会主义建设和社会主义改造事业大大前进一步。因为通过这次选举，必将进一步发挥人民群众的积极性与创造性，提高政府特别是基层政府的工作效率，密切政府和人民群众的联系，进一步克服和防止工作中的官僚主义和强迫命令的作风，从而为调度一切积极力量为社会主义建设服务创造更有利的条件。

通过 1953 年的普选工作，广大干部和人民群众对人民民主制度已初步有所认识，并已在实际生活中受到锻炼。但必须指出，由于长时期反动统治的影响，干部、群众对履行民主权利尚不习惯，法制观点仍很薄弱。根据市、行宫前①试点情况来看，动员绝大多数选民积极参加选举工作，仍然是一件艰巨的工作。因此必须积极向干部和人民群众大张旗鼓地进行关于选举的宣传教育工作，使得家喻户晓，深入人心。

一、宣传工作要求

1. 必须使选民进一步明确人民代表大会制度是我们国家的根本政治制度，是最便于发扬民主和最有利于动员一切力量来建设社会主义的制度。因为我们国家机关的最高组织原则是民主集中制，最高领导原则是集体领导；按时进行选举，召开人民代表大会，就是保证实现民主集中制和集体领导的最重要的一个方法。从而也才能充分地和最有效地发挥广大人民群众的政治积极性，大大地有利于我们的社会主义建设事业的开展。

2. 必须使选民懂得哪些人有选举权利，哪些人不应该有选举权利，并且帮助和监督各选区的选举工作队严格的审查选民资格。同时，还必须使他们知道应该把什么样的人选举到我们的政权组织中来，给国家补充新生力量，进一步密切政府同人民群众的联系，加强和巩固人民民主专政。

---

① 行宫前：地名，位于杭州市下城区。——编者注

3.必须使所有选民充分地认识到选举人民代表的工作,既关系着国家的建设事业,也关系着我们每个人的民主权利和切身利益,从而自觉、热烈地参加选举,要求参加选举的选民人数应该高于第一次普选时的人数比例,机关、工厂、企业、学校要求达到百分之百,居民群众要求达到98%以上。同时应发动群众以搞好当前生产和各项工作的实际行动来迎接选举,使选举工作真正成为推动生产和各项工作的动力。

二、宣传内容

应根据市选举委员会办公室编写的宣传提纲,结合各选区的具体情况和群众思想动能进行宣传。着重宣传以下几个方面:

1.宣传定期选举是我们国家的一项基本的民主制度。通过选举产生的各级人民代表大会的代表和各级人民政府在国家的社会主义建设和社会主义改造的事业中,已经越来越大地起着巨大地动员和组织作用。

2.宣传今年选举工作的重大意义,着重宣传从1953年第1次普选以来全国和本市的新的形势的发展,社会主义建设和社会主义改造事业的巨大的成就,以及通过选举继续努力动员一切积极力量为把我国建设成为一个伟大的社会主义国家的重大意义。

3.必须向群众讲清今年选举工作的基本要求和做法,使他们知道怎样进行选民登记和选民资格的审查,怎样提出代表候选人和应该怎样投票选举等等。必须大力宣传联合提名与个别提名相结合的方式的优越性,批判各种与此相敌对的思想。必须从正面道理向群众讲解清楚。

4.必须大力宣传选举工作的民主实质和选民行使庄严的选举权利的意义,发动选民积极参加选举,必须加强对干部的群众观念、法制观念与民主作风的教育,使他们懂得只有严格地根据法律、法令办事,才能更好地加强人民群众内部的团结和进一步分化孤立破坏社会主义建设与社会主义改造事业的反革命分子与其他坏分子的目的。

三、时间步骤与宣传方法

1.整个选举工作的宣传教育步骤大体上是分二个阶段,现将时间大致安排如下:

第一阶段,第一课选举工作意义目的要求政策方针的教育。

18日组织力量,在若干街道召开居民干部座谈会收集思想情况。

19 日与训练干部的报告员研究使用宣传提纲,统一口径。

19 日晚上全区分 8 个会场全面分头训练干部。

20 至 21 日组织干部讨论。

21 日下午各工作队向区汇报干部训练情况。

22 日晚上各工作队根据本辖区干部的存在问题分头进行小结,并结合布置工作队工作计划。

群众宣传 23 至 29 日结束。

22 晚上各工作队在每个选区召开一二个群众座谈会了解思想情况。

22 日上午召开全体工作队人员、有关单位和报告员会议,布置宣传计划,并进行群众宣传的备课。

23 日至 29 日全面开始向群众大会宣传组织一次讨论,并发动居民干部进行个别连串登门访问、小型座谈会、墙门会等方式的补课教育,以弥补大会的不足,与此同时各工作队召开一些各种阶层不同类型的座谈会了解群众反映,发现存在问题及时求得解决。

26 日向区汇报群众宣传教育的深度、广度与存在问题。

第二阶段,第二课候选人提名方法,怎样投票选举及酝酿讨论代表候选人。

干部训练 2 天,10 月 30 至 31 日晚上报告,分组讨论,按选区单位进行。

11 月 1 日至 4 日按选区单位向群众宣传,并组织一次讨论。

11 月 5 日或 6 日,公布候选人名单,到 9 日止,全区公布。

11 月 9 日至 15 日各选区分头进行投票选举和召开选举大会。

2.宣传方法

(1)集体单位在选举登记以前和将要酝酿讨论代表候选人的时候,先后组织二次报告,前者报告一般可不组织讨论,要召开一些有代表性的座谈会了解教育深度;后者必须认真组织一次讨论,在报告讨论后的空隙时间,应根据选区选举工作进度和本单位的具体思想情况分别进行合适的、各种形式多样化的教育,并以黑板报、喊话筒等宣传工具密切配合,务必使本单位的选民提高认识,积极参加选举。职工居住较集中的单位二课教育由党的组织或行政领导负责包干。职工居住分散的单位,第一课由党的组织或行政领导负责教育外,必须督促本单位选民积极参加听报告和投票选举,要求保证做到百分之百的选民参选。

(2)各选区居民,一般可分二课教育。第一课应在选民登记前进行,以选区为单位组织一次报告,组织讨论、了解深度,及群众的思想反映。第二课教育在酝酿讨论代表候选人前进行,可采取大会报告,认真地组织一次讨论。以上二课教育,必须用先干部后群众的层层贯彻方法进行。同时可以选民小组为单位,指定有一定能力的居民干部或选民小组长举行小型讲解会,墙门会的宣传。另外在选民榜公布以后和正式选举前,均可适当的召开居民干部或选民小组长会议,布置动员选民审查选民资格和参选,并可在偏僻的冷街冷巷中居民由居民干部组织来看选民榜。在榜旁设一意见箱,便利群众随时提出意见。

对居民的教育,要特别注意的是做好宣传前的各项组织工作。例如,可采用预约方式分批听报告,组织报告时设临时托儿所,以使宣传收到最大效果。对于因故不能到会的选民,还应组织居民干部和积极分子采取个别串联、登门访问等方式进行补课,以消除宣传工作的空白点。

(3)在选举工作的同时,各选区、各有关单位还必须组织运用各种宣传工具和宣传方式。如黑板报(黑板报区统一发稿)广播、说唱队、俱乐部、幻灯等配合宣传,并在选民榜前还可以敲打锣鼓,以造成热烈选举气氛。

(4)主要街道里衖、会场、大商店门前及选举场所,应由有关单位进行环境布置,张挂横幅、米旗、红灯、标语(内容有区统一印发)搭采台等。

电影院、文化馆,应配合放映有关选举工作的幻灯片、编演唱材料,布置图片展览等。

3.宣传工作的组织领导

(1)在区委统一领导下,有关宣传工作事项由宣传科负责并通过选举委员会办公室的宣传检察组贯彻执行,它的任务:共有 8 条。

(2)发挥青年团、妇联组织,除要求把及龄青年、妇女发动起来,积极参加选举外,还必须积极的配合工作队做好有关选举的各项工作。

(3)机关团体、工厂、企业及学校、医院等集体单位选举工作的教育,均由各单位党组织或行政负责进行,必须保证本单位所有选民积极参加,有关人事部门应有专人负责,主动密切配合各选区工作队进行工作。

不属于上诉系统的单位,由各选区工作队负责安排教育,必须防止遗漏。

公私合营企业里的私方人员、家庭工可与职工一起进行教育。

(4)生产合格社单位,第一课集中教育,由区手工业科负责;第二课由各选区分头进行教育,手工业科应督促各社在时间上适当安排有一定时间让社的选民参加选举活动。

(5)居民群众由区选举委员会的工作队负责组织教育。

4.宣传中应注意的几个问题

(1)今年的选举活动,根据中央和市的指示,必须力求简便易行和切合实际。宣传工作也一样,既要全面的教育和发动群众,又要尽可能减少集中的宣传活动。要做到这一点,首先要求各单位党组织和行政领导的重视及选举工作队的注意,提高宣传质量。对居民群众的宣传,必须考虑实际情况,时间上和方式上要灵活和多样化,并且应该特别注意对妇女和老年人的宣传教育。因为这一部分人在居民中占绝大多数,把他们发动起来,参加选举比例就有保证。在宣传中还应有机地结合当前生产和各项工作,使前者成为推动后者的动力。

(2)整个选举工作自始至终是贯彻着宣传教育过程,要求各有关单位各工作队重视,防止产生赶任务等马虎草率现象。

(3)严格宣传纪律,关于选举工作的宣传有很大的政策性,关系到群众的切身利益和党和群众的密切联系。因此要求在宣传报告时或具体解答问题时必须按政策办事,耐心向群众解说,防止信口开河的随便解答或怕麻烦的急躁情绪。

(4)必须重视做好对已依法改变地主成分和已摘去反革命分子帽子,并给予选举权利的人教育。同时也要教育其他群众,以提高他们的认识,更加珍视自己的庄严的选举权利,进一步提高警惕。

(5)宣传经费使用范围:居民区街道里衖的标语、横幅纸张费和选民榜、会场布置等费均由居民办公费中支出,租借会场、播音机等费均在选举委员会办公室费中支出(如上述经不够由宣传科在宣传经费中补贴部分,会场、播音机费用),各集体单位商店、居民门前的环境布置应由自己负责。由于宣传经费有限,希各工作队要切实掌握,节约为原则,尽可能争取向集体单位协商免费租借会场、播音机以减少支出。

(6)代表选出后,仍然要关心新选的代表和落选的代表以及群众的思想反映,及时地进行必要的教育和解释,以巩固选举成果。

杭州市下城区选举委员会
1956 年 10 月 20 日

杭州市沿江乡选举试点工作初步总结

为了取得经验,指导郊区各乡选举工作的开展,我们调集了各乡乡干等23人,在沿江乡进行选举试点,从9月6日开始到9月30日止选出第二届乡人民代表大会代表,历时24天。沿江乡的基本特点是:蔬菜产区,地滨钱塘,由原乌龙、望江、新民三乡合并而成,全乡共有19个农业社,3个居民区和1个茶厂,计有人口13951人,以工厂、居民区、农业社的分布情况共划分16个选区。当时该乡正值络麻秋收,抢播蔬菜的农忙季节,故选举的试点工作是在统一安排下,紧紧地结合生产进行的,整个选举工作的过程分三个步骤:第一步是乡的领导统一思想结合生产安排选举工作日程,建立选举委员会,划分选区,组织干部学习(时间7天);第二步是宣传动员,发动群众,进行人口核对和选民登记、审查选民资格,公布选民名单(时间7天左右);第三步是在发扬民主的基础上从内到外的安排和从下而上的酝酿协商讨论提出代表候选人,组织选举投票站,动员广大选民参加选举(时间10天)。从整个选举工作进展来看尚属顺利,基本上达到了我们预期的要求。现将试点工作总结报告如下:

第一,开展了比较广泛深入的宣传动员,使95%以上的选民受到了一次社会主义民主教育,通过宣传教育,使广大农民群众明确今年选举工作的重要意义,如永和选区老年农民把选举比作造房子,选代表好像挑栋梁,东方红合作社社员表示一定要认真选出当家人并办大社也会办得更好了,很多群众还表示以搞好生产来迎接选举。做好宣传工作,我们认为应该掌握:

1. 首先要在干部中进行动员,统一党团员、乡干、社干的思想认识,使他们成为开展宣传活动,推动选举工作的积极力量,该乡第一阶段的宣传教育没有先从骨干分子着手进行思想发动工作,一部分社干思想上还存在选举会挤掉生产的思想,这样使宣传工作,做得不深不透,很多选区受到教育的仅占20%~30%,后一阶段先在干部中作了动员,统一干部的思想以后,大多社都妥善安排生产和选举,并提出了搞好生产,迎接选举的口号,将群众带动了起来。

2. 宣传内容,必须根据群众的思想情况,切合群众的实际问题。宣传要通俗使群众听了易于领会。我们在第一次向群众宣传时没有搜集群众的思想反映,而是根据提纲照本宣读,如宣传到工资改革后工人增加了收入,宣传杭州要建造钟表厂及丝绸联合工厂。农民反映说:"我们又拿不到工资,戴不起表,穿不起绸",故宣传收效不大。后来在补课时,结合农业,合作化,抗台进行宣传,将干部代表如何在台风侵袭中和群众在一起救灾抗台,在合作化运动中领导群众组织合作社,搞好生产等真人真事进行教育,从群众的心理,说明选举的实际意义,并说明选举是利用生产的空隙进行的,这样深受群众的欢迎,群众都表示选好代表搞好生产来把家当,二年一次的选举可不能轻易放过去。

3.宣传方式应便利群众结合生产或利用生产空隙根据不同时间、不同对象组织报告会,小组座谈会,登门讲解,个别串连的方式进行,如当时群众正在收剥络麻,就运用骨干以生产小组,采取边生产,边宣传,特别以选举作为鼓动提前完成生产的口号,更鼓动群众的生产积极性,如近江选区在代表候选人提名后,见到乡干、社干(均代表候选人)虚心地接受了批评,及时的改变工作作风,都在不开会的晚上抢收络麻与抢种蔬菜,因此也更积极地参加了选举活动。在宣传教育中,还应着重对妇女和老年人的宣传。

4.环境布置和各种形象化宣传的配合也很必要,使群众受到直接和间接的教育。这次有少数选区还运用了黑板报、广播、幻灯、演剧等宣传工具向选民宣传,扩大宣传效果,由于这方面做得好,群众的情绪就高,选举工作就容易开展。

第二,选民登记和审查选民资格的工作。

1.该乡经过选民登记计有选民 7819 人,占全乡总人口的 56.04%,转出外选的选民 137 人,转进的选民 30 人,实有选民 7712 人,选民登记的方式主要是采用二种方法:一是采用行政组为单位召开小组会逐个进行登记,这样的缺点是花费群众时间多,而且效果不高,后来在一般选区采用以行政组为单位挨户上门登记,这样在登记时,其他选民可以从事自己的生产,遇到了问题可以随时查户口簿或与家属商量,一个选区二三个干部,花上一天半到二天就可以完成,同时还可以群众访问宣传。但是做好选民登记必须认真细致做好核对,不能仓促,这次选民登记时,干部粗枝大叶差错很多,据检查发现年龄算错,写错及漏登有 101 人,重复的有 17 人,兴隆选区一个仓库 40 个选民全部漏登记,牵制整个选举工作的精力很大,从选民登记的经验教训中,我们认为今后选民登记工作中要抓住以下两点:

(1)登记核对前要教育干部认识选民登记工作的细致复杂性,防止粗枝大叶,做到不遗漏、不重复。

(2)选举工作组人员与驻乡公安人员应互相联系,密切配合,掌握户口资料及时解决存在的问题。主动的防止登记中错登、漏登。

2.选民资格审查在贯彻政策上基本上做到了不使一个有选举权的人被错误地剥夺选举权利,也不使一个应有选举权的人窃取庄严的选举权利。该乡共有地主阶级分子 49 名,其中入社作为社员 10 名,后补社员 18 名,管制生产 9 名,未入社的 2 名,在居民区的 10 名,反革命分子 28 名,通过这次审查剥夺选举权利的 45 名,占总人口的 0.32%,其中地主阶级分子 32 名,反革命分子 12 名,精神病患者 9 名。在审查中必须做好以下几件工作:

(1)首先对重点审查对象进行内部材料排队,一般排为五种类型:①根据劳动守法表现确定改变成分的地主阶级分子;②确定给予恢复选举权利的反革命分子;③继续不予改变成份的地主阶级分子;④现在管制,继续剥夺选举权利的反革命分子;⑤需要调查研究做出结论的。

(2)做好地主阶级改变成份的工作。具体做法为由其本人申请,群众评议,交乡人民委员会批准,在群众会上宣布。通过审查仍要注意对地主阶级分子的教育,对未批准的要指出他的前途,对已批准改变成分的也要指出他的努力方向,这对于瓦解分化敌人有一定的作用,如地主分子孙莲子在改变成分以后,非常高兴,表示今后要好好劳动。小学教员地主阶级分子吴美光改变成分后,适逢工资改革说:"这真是我双喜临门。"在选民资格审查中,同时还要注意发挥选民资格审查小组的作用。

第三,酝酿提出代表候选人。

提出代表候选人的过程是对广大干部和群众生动的民主教育与自我教育过程,因此必须充分发扬民主,放手发动群众,该乡代表候选人提名的方式:一是群众基础较好放入采取从下而上的酝酿,由各选民小组的选民提出代表候选人名单,一是群众基础较差的由选民小组长以上干部进行协商联合提出代表候选人名单,交群众讨论后由乡选举委员会根据群众最多数的意见,确定正式代表候选人,从总的来看该乡在这一工作还是做得比较成功的,做好这一工作必须掌握如下几个环节:

1.深入群众,摸底排查,安排好比较切合实际的候选人的初步名单,根据调动各方面的积极因素的原则,对上届代表,以及几年涌现出来的先进人物,按照他们的工作作风,与群众的联系,进行排队,由于了解得深,摸得透,以致领导提名工作中占了主动,在群众提名时 55 个正式候选人有 49 人(89%)与原来内部方案相符。

　　2.要严格地贯彻政策,该乡第二届人民代表大会代表名额为 55 人一般是按照本乡地区特点来确定,其比例为党员 23 人,占 44％,妇女 13 人,占 24％:农民 45 人,占 82％(其中贫农新老下中农 39 人占农民总数的 87％。老上中农 6 人占农民总数 13％),其他职工、小教居民 10 人,占 18％。在代表的比例中党员的比例是高了些,原因是在安排上缺乏慎重的研究,如安排杭州茶厂厂长(党员)作为乡人民代表,其地位并不相称,同时也不能发挥其应有的作用,不够适当,其次在内部安排时虽然注意到安排非党劳动群众,但由于在代表候选人提名时没有向群众贯彻"代表的广泛性"的教育,结果群众仍然把一个党员提为代表候选人,群众选有威信的党员作为代表是正确的,故在整个代表比例中党员比例偏高了。

　　3.充分发扬民主,环绕生产为中心,开展批评与自我批评,如这次民主发扬还是比较好的,群众在提代表候选人都是在生产的问题上开展批评的,这样对代表对群众都是一个比较深刻的教育。如伏虎选区群众提社长沈万春作为代表候选人时批评他只顾养(社里的)猪,不经常检查生产,抓芝麻丢西瓜的领导方法,希望他改进。副乡长何木根未将去年抗旱打水的账目公布,群众意见很多,经公布后,群众普遍表示满意,副乡长沈荣新工作存在比较严重缺点,他向群众作了深刻检讨后,表示今后决心改进,群众仍同意他为代表候选人。原人民代表村妇女主任王小花,平时比较骄傲,义务兵役时拉丈夫后腿,说宁可不当代表,也不叫丈夫去当兵,经过大家讨论不同意,就另提一个青年团员项素珍作为代表候选人。通过群众性的批评教育,全乡有 35 个代表候选人向群众作了检讨,得到群众满意。

　　4.从下而上的提名必须有领导地来进行,该乡各个选区提代表候选人一般都多于应选的代表数,提名大多数都是通过评比提出来的,而且更使内部的安排全面完善。如兴隆区应选代表 4 人,但地区有了三分之一是居民区,上次提的代表中有一个居民区的代表,而这次没有安排居民区的代表,结果在群众提候选人时提出来了(是提得对的);但必须要注意掌握如二三居民区应选代表是 5 人,结果提出 24 人,其中聋哑学校就提出 3 个代表候选人,这样就使群众意见难以集中。

　　第四,组织选民参加投票选举。

　　这在郊区群众文化条件较有基础的情况下还是可行的,既便利群众生产和生活,也能使参加选举的选民到达最高的比例,从这次选举的情况来看,投票选举还是受群众欢迎的。如群众反映:投票选举既方便、又自由,举手选举看大势，大家举手我也举，大家不举我也不举。参加选举的比例也比较高，参加选举的有 7476 人，占实有选民的 96.93％，其中 4 个选区达到 100％。

组织选民参加选举必须做好以下几个准备工作：

1. 做好选举前的思想上、物质上、技术上的准备工作，具体地包括：（1）向选民进行动员，说明积极参加选举的重大意义，交代选举方法，注意事项。（2）做好最后一次的选民核对工作及选民迁入迁出工作，确定实有选民数。（3）召开选举工作干部会议具体分工，交代选举技术性的问题。（4）在选民小组长会上研究提出选举大会主席团计投票人员的名单。（5）做好会场布置工作及票箱流动票箱等物质准备工作。

2. 适当地安排投票时间，采用无记名投票让群众充分行使自己的意志。由于投票时间长，而且投票站对没有文化的选民设了代笔处，每个选民投票可以抽空来参加。

3. 必须抓住集体单位的选举工作，对单独设选区的集体单位要加强督促检查，对不设选区的单位要加强联系，适当安排生产组织选民参加选举。该乡在这一环节上是抓得不够，如杭州茶厂选区由于乡选举委员会放松了领导，而该厂领导对选举准备得不够充分，没有妥善安排时间积极动员夜班工人参加选举，而且出差开会未参加选举的人多，故使参加投票人数仅占选民 90.40％，是全乡参选比例最低的一个选区。至于其他不设选区的集体单位及在本乡以外工作的选民，由于事先联系不够，不少单位领导强调生产、工作重要，不准请假，以致使选民不能行使选举权利，这些是今后应引起注意的。

第五，在整个选举工作中，领导应掌握的几个工作：

1. 要根据当前生产情况及今年选举工作的要求，把生产和选举进行统一的安排制订计划，同时还要各个步骤制定小段计划，把领导生产的时间和领导选举的时间统一起来。保证生产与选举有条不紊进行，做好这一工作，首先应从支部领导上先统一思想，明确分工，按合作社、生产小组层层进行统一部署，从乡干、社干等骨干力量的思想统一起来，试点工作开始时乡领导对生产与选举问题的相互结合相互关联认识不足使工作的进展受到了影响。

2. 要从解决群众切身利益的生产生活问题入手，该乡在整个选举中正值蔬菜生产较忙，剥收络麻较紧张时期和群众因 1953 年的影响恐怕选举影响生产，以及部分农民的缺粮问题群众情绪上有一定的影响。根据这一情况，乡领导在开展选举工作阶段时，便抓住了生产与选举妥善结合这一环，制订了统一安排计划，并明确选举活动一般都不占用生产时间，尽量利用晚间、生产空隙与雨天,粮食问题联系粮食部门对缺粮户增加供应。在扭转群众情绪积极领导进行生产并妥善安排选举工作后,这样群众积极性提高了,热烈参加了选举活动。

3.在选举过程的每一工作步骤中领导上需要亲自抓的:(1)执行政策要抓,要开会研究发挥集体作用,就是重点审查选民资格和安排代表等工作。(2)充分发扬民主,放手发动群众,提代表候选人的时候要掌握。(3)组织选民热烈地参加选举工作,也要抓起来。

1956 年 11 月

浙江省杭州市人民委员会
关于居民俱乐部筹募经费问题的批复

杭办〔1956〕字第 2837 号

下城区人民委员会：

你区区会办〔1956〕字第 1189 号报告悉。关于居民俱乐部经费问题批复如下：

一、居民俱乐部的经常支出，应本节约原则，在俱乐部本身收入（如会场租费等）中解决，也可在居民委员会办公费中开支。

二、居民俱乐部不得轻易向居民筹募款项，如遇必要的较大用处（如修理房屋等），须要向居民筹集经费，则应按照《城市居民委员会组织条例》第 10 条规定办理。

复希知照。

1956 年 11 月 3 日

抄送：各区人民委员会、郊区办事处、民政局

杭州市下城区人民委员会报告

区会办〔1956〕字第 1189 号

杭州市人民委员会：

关于居民俱乐部经费筹募券，市府 1953 年 2 月 10 日，府办〔1953〕字第 283 号通知："居民俱乐部经费筹支券，中央无统一规定，本府亦难单独提出办法，暂时政府不表示态度，由居民自行讨论解决，但区加以控制还是必要的。"我们一直参照此精神执行。前你委政法办公室电话通知："认为几年来情况变动很大，这一通知精神当前是否适用，还须研究。"现我区孩儿巷、竹竿巷、健康路等街道办事处均报告要求筹募此项经费。为此，特报市人委，请对筹募对象，经费开支范围有一较明确的规定，从速批复。

杭州市下城区区长：杨景川

杭州市下城区人民委员会
1956 年 9 月 25 日

收文杭办□字第□号   □年□月□日
来文机关：下城区人民委员会
来文区会办字第 1189 号   1956 年□月□日
事由：关于居民俱乐部经费筹。
附件：
拟办和批示：
经联系省民政厅，并向几个区和办事处了解，意见如下：
目前：
一、俱乐部的开支一般都是电灯、房租、文娱演出费用等，目前不少居民区都靠俱乐部会场租费收入开支，一般尚可维持。
二、一旦遇到较大用处，如修理俱乐部房屋，则在居民中进行筹募。筹募均在上千之数，但无批准手续。
今后：
筹募居民俱乐部经费应按照《城市居民委员会组织条例》第十条规定办理。即"居民委员会办理居民的共同福利事项所须的费用，经有关的居民同意，并且经市辖区，不设区的市的人民委员会批准，可以按照自愿原则向有关的居民进行筹募。除此以外，不得向居民进行任何募捐或筹款……"
（一）居民俱乐部的经常开支，应本节约原则，在俱乐部本身收入中解决，也可视情在居民委员会办公费中开支。不得轻易向居民筹募款项。
（二）居民俱乐部如遇必要的较大用处，可按照上述条文规定办理，但不能摊派和强迫命令。筹募之款也应节约使用。以上，如同意，如抄送各区知照办理，呈
□□收   10 月 30 日

《城市居民委员会组织条例》第十条□□□□规定，可依照规定办理。其他同意所拟。
刘□   10 月 31 日

1957

1957

哈尔滨市城市街道居民委员会经费使用办法

根据中央内务部、财政部《关于城市街道居民委员会经费开支标准规定》的精神,结合哈市实际情况,为发挥城市居民委员会自治组织的作用和街道群众干部的工作积极性,特由民政局、财政局制定此办法。

一、居民委员会经费的性质及标准

城市居民委员会的公杂费和委员生活补助费均系补助性质的经费。按中央指示,居民委员会补助费,以每个居民委员会为单位,每月平均不超过 15 元为限;居民委员会杂费,以每个居民委员会每月平均不超过 5 元为限。

根据哈市的情况,在 1956 年经费使用的基础上,今年开支指标暂定为:每个居民委员会委员生活补助费为 12 元;居民委员会公杂费为 4 元。

二、居民委员会经费使用的范围

公杂费主要用于居民委员会工作所需的文具纸张,因工作或开会使用车费、杂支等项的开支。

委员生活补助费的补助对象是:

1. 居民委员会正、副主任及委员(包括居民组长);
2. 居民委员会下设的治保、粮食、卫生工作委员会的正、副主任及委员;
3. 街调解委员会正、副主任及委员;
4. 职工家属委员会的主任委员及组干部。

三、委员生活补助费发放原则

凡实际参加街道工作的居民委员会委员、街道积极分子,因参加街道工作而影响了他们的生产,以致生活发生困难者,均应适当地给予定期或不定期的补助,但不应当做定期工资或津贴费使用。补助时应根据他们担当的工作繁简,耽误他们的生产时间多少,生活困难程度等情况适当补助。

凡适于社会救济条件者,均按社会救济暂行办法办理。但因其参加街道工作影响生产时间以致生活仍有困难者,还应在居民委员生活补助费中予以补助,使其生活略高于一般的救济户生活水平。

凡因公受伤,由区长批准可在委员生活补助中酌情给予适当的治疗费。

四、居民委员会经费使用方法

公杂费每月末应由各街道办事处根据实际需要提出预算,由区政府办公室统一审核购买,按预算发至各居民委员会,区街不得从中占用。

委员生活补助费,由各街道办事处干事或居民委员会提名,并提出补助理由、数字,填写"居民干部生活补助费申请书"。通过群众(居民委员会主任联席会)评议通过,由街道办事处审核,最后由区领导批准。

五、其他

各街在每季度末应将居民委员会办公费和委员生活补助费使用的情况向街道干部公布。

对办公费的使用,应本着节俭的精神,避免铺张浪费;在委员生活补助费的使用上,应实事求是地进行补助,防止平均主义或过高过低的偏向。居民委员会的经费不得用于其他开支。

居民委员会经费开支的指标,由各区根据实际情况加以掌握,调剂使用。

本办法由 1957 年 1 月份开始执行。

1957 年 1 月 24 日

【由哈尔滨市民政局提供】

蔡畅同志在上海等地视察后给中央的报告

中央：

兹将我在 1956 年 11 月 20 日至 12 月 23 日在上海、南京、杭州了解的城市居民工作、妇女工作中的一些情况、问题及建议报告如下：

一、从上面三个城市的情况看来，党委对居民工作、妇女工作的领导是日益加强的，上海市委更为注意。绝大多数居民委员会、基层妇女代表会，基本上能够成为党和政府贯彻政策法令到妇女居民中去的有力的组织，做了很多工作，积累了不少经验，培养锻炼了大批基层干部，其中 80% 左右是从家庭妇女中培养提拔起来的。她（他）们大都艰苦努力，积极工作，成为党和政府联系男女居民的骨干。

二、但是从这两个组织中暴露出来的问题，也是值得研究的。主要是上面交办的任务多而杂，基层干部忙碌不堪，以致妇代会不能充分发挥妇女群众代表性组织的作用，居民委员会不能充分发挥居民自治组织的作用。

就上海了解的情况看来，这两个组织实际上成为街道办事处之下的"两条腿"，成为共同完成人民委员会、公安部门及其他政府部门的任务，并兼管一些妇女工作的基层组织。它们所承担的任务大体有下列三类。

第一类，中心工作任务：1956 年是一件接一件，没有间断。如动员群众买公债，进行以人定粮工作，动员农民回乡，学校划区招生，选举工作，征兵工作，募捐寒衣等等。每件工作，都要开许多会，要一两个月才能完成。

第二类，人民委员会各部门条条下达的任务及经常的居民工作：这类工作，大约有几十种。就经常的居民工作来说，有优抚救济、治安保卫、（包含干部在节日、纪念日的夜里，要轮流巡逻放哨等在内）调解纠纷，调配粮油，推行地段保洁制度、除四害、搞四防（防空、防特、防盗、防火）、扫盲等等。就人民委员会各部门条条下达任务来说，如替自来水公司、电灯公司收费；替税务员收房产税；替人民银行宣传有奖储蓄；替文化机关宣传外国电影周，动员群众看苏联电影；替国际贸易机关宣传中日人民友好，保证一定数量的群众参观日本商品展览会；替卫生部门宣传防疫，搞划区医疗；替劳动部门调查失业，选拔就业人员；替交通大队宣传交通规则；替国营商业机构推销柴及某些过剩的次品

(如变质的糖、酸肉等);替主管大粪的单位通知改变倒马桶的时间。还要从各个方面接受宣传任务,街道办事处主任每半月到区人民委员会开一次会,经常要从区上接受七八种宣传品,有时自己拿不了,要雇三轮车推回去,分发这些宣传品又是居委会、妇代会的工作。还要听取各方面的传达报告。接待从各方面来了解情况的干部,写证明信件。接待外宾、兄弟民族及华侨参观团等。

第三类,妇女工作任务:1956年上海市民主妇联下达了五件较大的工作,即订规划,训练基层干部,发展托儿站,宣传"五好",组织来担负。不问群众和干部的负担能力如何,齐头下贯。某些中层机关,想挡也挡不住,采取"承上转下"的做法,把担子都压在基层组织身上。正如江苏省委报告中说的"这样一个庞大的机构,对于基层工作来说,也是一个沉重的负担。上面布置下来是一大片,而解决问题则是层层批转,迟迟不能解决"。因此现在基层组织中存在的问题,主要不是基层组织本身造成的,而是反映了领导机构的作风和条条太多的问题;所以彻底解决当前基层工作中的问题,必须从彻底改变领导机关的作风及精简机构入手,必须从加强群众观点,加强群众工作入手。

三、为此特提供下列三点建议:

第一,改变领导机关的作风和工作制度,制止把各种任务齐头下放的风气。这就要(1)凡是有关广大人民的工作,必须下达的任务,在中央一级建议由党中央及国务院统一下达或加控制。地方上,则由当地党委及人民委员会统一下达和控制。(2)国务院及各地人民委员会所属的某些业务部门的任务,应尽可能由各该部门的基层单位,自己动手,量力而行。不能推给居民委员会、妇代会。如人民银行宣传有奖储蓄,税务员收房产税等等,就应该由人民银行、税务局的基层单位自己完成。(3)有些工作应该允许群众自由选择,如看电影,可以通过招贴画、宣传画、写黑板报等办法,告诉群众自愿观看。不能变成派票派任务。最后建议,要赋予地方党委及人民委员会更大权限,对中央某些部门条条下达的不合理或不急办的任务,有权因地制宜,分别轻重缓急去办。

第二,要根据几年来实践的经验,更进一步明确居民委员会及妇代会(以下第7、8、9页内容未解密)

(接第9页)从实际参加居委会工作的居民委员中,有些积极分子因参加工作而影响他们的生产,以致生活发生困难的,应该根据他们所负担的繁简,认定他们生产内的多少,生活困难程度的大小等情况,予以适当的补助,但不应作为定期的工资或津贴费。

　　这笔经费实际开支情况如何呢？根据上海市人民委员会财政局的材料，居民委员会办公费及生活补助费的开支情况如下：

　　1955 年预算 94.03 万元，实支 54 万元，结余 40.03 万元。

　　1956 年预算 81.40 万元，实支 61 万元，结余 20.40 万元。

　　(1956 年实支数 1～10 月为 51 万元，11 月、12 月估计数)

　　根据上海市妇联的计算，妇代会主任、副主任、委员中生活有困难的，大约占干部总数的 7％。全市妇代会干部 15575 人，以 7％计算，即有困难的干部共 1168 人。如果每年给以一次或两次的必要补贴，则最多不过一二十万元。如果将补贴居委会干部的结余，来补贴妇代会干部，是有余的。

　　上海市委已经同意妇代会干部中生活有困难的，与居委会干部一样给予补助。杭州市妇代会干部有困难的也受到了补贴。所以我建议内务部考虑，此项补助费，既属地方预算，现在又有剩余，足够补助妇代会干部，是可以让他们去机动解决的。

　　以上意见，是否有当，请示。

蔡　畅
1957 年 1 月 28 日

已送主席、少奇、恩来、朱德、陈云、小平、尚昆

【由中央档案馆提供】

杭州市拱墅区人民委员会对居民委员会
组织分工和设立工作委员会的意见

拱区办字第 103 号

各街道办事处:

　　按照《城市居民委员会组织条例》规定和目前本区各居民委员会组织中存在的问题(组织混乱,居民干部兼职过多),区人委召开有关部门座谈会决定,第一季度改选居民委员的组织,在街道中设立和撤销以下组织:

　　一、各居民委员会改选中设立以下组织

　　(一)居民委员会,设主任 1 人,负责掌握全面工作;副主任 2 人,1 人分工掌握治保工作,1 人分工掌握妇女工作;福利委员 2~3 人,分工负责社会救济、拥军优属、危险房屋检修、储蓄、房地产税及其他居民福利工作;文教委员分工负责扫盲、黑板报及居民群众文娱活动等工作;卫生委员分工负责群众性卫生运动及动员群众预防接种等工作;计划供应委员分工负责粮食调剂及粮、油、布票发放等工作;调解委员分工负责一般民事纠纷。

　　(二)居民小组组长由居民委员会委员兼任,副组长由居民选举 2 名,组长(委员)除负责委员会分工工作外,掌握本小组全面工作,副组长分工负责福利、文教、卫生、计划供应等项工作。

　　(三)治保工作委员会,设主任 1 人,(由居民委员会副主任兼任)副主任 1~2 人,委员 7~9 人,负责有关治保的日常工作和防火检查、交通宣传等。

　　(四)居民区防空组织。

　　(五)街道协储员组织,可以由 2 个居民小组聘请 1 人担任(不兼职),受居民委员会福利委员直接领导。

　　(六)各街道辖区的红十字急救站。

　　二、有些组织形式重复,有些组织不起作用或所起作用不大,经研究撤销以下组织:

　　(一)撤销计划供应委员会组织,今后一切计划供应工作由居民委员会计划供应委员负责全面工作,各组副组长负责该组计划供应工作。

　　(二)撤销消防中心小组组织,各居民小组的消防小组由治保委员会直接领导。

（三）撤销各居民区红十字急救小组组织，并入街道辖区红十字急救站。

（四）街道辖区的调解委员会组织，改选后暂不建立由区人民法院直接指导各居民区的调解委员。

此外，除基层妇代会，扫盲协会均为群众团体组织应予保留外，其他一切大小组织均予以撤销，今后统一由居民小组组长，副组长分工负责各项工作。

杭州市拱墅区人民委员会

1957 年 2 月 8 日

【由杭州市档案馆提供】

杭州市上城区人民委员会关于评选上半年度
城镇粮食统销工作优秀居民区的评选办法(草案)

一、评选目的

为了及时鼓励居民干部和群众积极搞好粮食工作,更好地推动他们做好节约粮食的宣传教育,积极地开展粮食的余缺调剂工作,以达到进一步贯彻和巩固城镇"以人定量"供应制度的目的,特制订本办法。

二、组织领导

(一)评选工作由区人委组织评选委员会,评委会的人员由区人委、粮食科和街办等有关人员 7 人组成,并由区人委指定评委会正、副主任各 1 人,具体负责领导评选工作。

(二)各街办组织评选小组,由街办主任和居民区主任组成。

三、评选条件

凡具备下列条件一条以上者,均可评为本区城镇粮食统销工作优秀居民区。

(一)能经常向居民进行有关粮食政策、法令、节约用粮、反对浪费的宣传,并积极教育居民认真合理地安排家庭用粮计划,从而对提高居民的思想认识,节约粮食等方面有一定成绩者。

(二)能经常向居民宣传关于开展粮食余缺调剂工作的重要意义,并积极动员节余户将多余粮票自愿地调剂出来。对缺粮户亦能在摸清情况的基础上,主动热情解决缺粮困难,使余缺调剂工作全面地开展起来,从而既能为国家节约粮食,又能稳定群众的生产和生活情绪,而有一定成绩者。

(三)能经常协助政府做好城镇粮食统销的管理工作,积极动员居民群众揭发和检举粮食、粮票的投机买卖活动,而获有显著成绩者。

四、评选方法及时间

评选工作采取"自报公议"的方法进行,其具体手续如下:

(一)1957年上半年评选工作拟在8月中旬以前结束。

(二)8月5日前区人委成立评选委员会,并结合其他会议将评选工作布置给全体街道办事处。

(三)8月8日前按街办成立评选小组,并召开所属居民区主任会议布置和讨论评比条件,并发给优秀事迹表。

(四)8月12日前各居民区召开居民委员会讨论上半年度粮食工作事迹,并就事迹表上报。

(五)8月15日前由街办召开评选小组会议,民主评定优秀居民区的候选单位,上报区评委会。

(六)8月20日前区评委会根据各街办上报材料,经讨论审查后,批准今年上半年度的城镇粮食统销工作优秀居民区。

(七)8月下旬结合召开居民干部大会(也可以吸收部分群众代表参加),举行授奖仪式。

五、奖励

(一)凡被评为城镇粮食统销工作优秀居民区,应给予适当奖励(不发现金也不发个人奖)。以区人委名义发给奖状,或其他纪念性物品,作为集体荣誉奖励。

(二)奖品经费由市粮食局按每一粮食供应站每半年3元以内的标准,拨付本区统一掌握使用。

杭州市粮食公司上城区中山门市部

【由杭州市上城区档案馆提供】

杭州市上城区评选粮食统销工作
优秀居民区(工作者)简报①

1957 年上半年度粮食统销优秀居民区和优秀工作者的评选工作,自从 8 月 27 日由区人委布置以后,各街道办事处均按照计划先后于月底以前召开居民干部会议贯彻,在成立以前召开居民干部会议贯彻,并成立以街道为单位的评选小组,进行工作。

目前各居民委员会正在酝酿提名,进行总结填表,一般均能按照规定的日程计划,在 9 月 5 日以前可做好全部准备工作,参加评选。居民干部中大部分都热情很高,积极负责地参加这次评选工作。如高银巷居民区在上星期六的晚上开了全体干部会议,讨论事迹,根据条件提出了本居民区和六个个人作为候选者。他们认为,过去搞粮食工作好坏无法比较,现在政府这样重视和关怀,要大家来评选,就应该实事求是地积极参加。又如十三湾巷、大井巷等居民区在办事处布置工作的第二天晚上就开了会,提出了优秀工作候选者。他们并在总结工作时检查了过去存在的缺点,认为还够不上评选条件;但表示通过评选,更加强了信心,要打好基础,积极推动工作,争取做下半年度的优秀居民区。但是,也还有一部分居民干部对评选的意义认识不足,思想有顾虑,大致有如下几种情况:(1)认为还是不评好,评上了,怕今后责任加重,多找麻烦。(2)怕提了名,评不上反而失面子。(3)认为评不评无所谓,或者认为"自道自好"不习惯,难为情;如皮市巷街道有的居民干部不愿意填事迹表,把它退了回来。我们认为类似顾虑都是不必要的。大家要树立一种正确的态度:成绩好,就应该获得"优秀"称号的光荣;成绩差,也可以相互勉励,继续争取,决不要气馁。

对这次评选工作,街道办事处都很重视,如青年路、河坊街、佑圣观等街办能够提早布置,深入检查,抓紧推动;对评选方法,进行日程交代都很明确。青年、皮市等街办还准备扩大个人奖励范围,由街办适当另发一批奖状。但有的

---

① 　原文标题为《评选粮食统销工作优秀居民区(工作者)简报》。

街办对供应站的督促和联系较差,召开会议和具体工作未责成供应站参加,对通过评选使供应站与居民干部进一步密切联系,相互推动工作的意义和作用有所忽视。

大部分供应站对这一工作是负责的、主动的,能及时向上下联系,收集资料,掌握情况,推动评选。但有的供应站不是积极主动地争取领导重视和群众的支持,却是等待旁观,不负责任。有的站经理"单干"没有将评选精神很好传达,发动站内同志一起参加,以致互不通气,有人不知评选为何事。有的站虽指定为负责联系单位,却只顾本范围,不向其他站联系,而又有个别同志闹意气,态度生硬、不接受别站的联系,表现出站与站之间的不协作现象。所有这些问题,都是由于没有认识到这一评选工作是我们依靠群众搞好粮食统销工作的一个重要措施。搞好这一工作能大大地推动我们的"以点管户"和余缺调剂工作,能打下一个牢固的、我们工作所必不可少的群众基础。因此,我们必须从认识这样重要的意义和作用上来检查和进行工作。

评选工作的酝酿准备阶段将要结束,在居民区提名上报以前,我们必须抓紧时机做好以下工作:

(1)要深入和反复地宣传评选工作的意义和目的。针对不同的思想顾虑,及时进行耐心解释和说服教育。在街道办事处的领导下,供应站同志应深入了解,吸收反映,及时请示汇报,与居民干部随时接触,随时宣传。

(2)要加强各站间的工作联系。街办抓住供应站是一个重要的工作环节,必须加强督促,并进行具体指导。特别是供应站既要主动争取街办领导的重视,又要积极帮助居民区开展工作,同时也要站内与站际之间的联系。

(3)供应站全体同志要大家一起动手,妥善安排工作,挤出一定时间,提供评选材料,了解情况,结合"以点管户"工作进行。为了照顾有些居民干部对评选不习惯,可以在民主评议的基础上,启发提名和代填实践表,以便于工作的开展。

杭州市上城区人民委员会

1957 年 9 月 3 日

【由杭州市上城区档案馆提供】

江西省人民委员会关于
规定城镇居民委员会经费开支标准的通知

兹参照过去城市居民委员会经费使用情况,对我省城镇居民委员会今后经费开支标准,作如下规定:

(一)居民委员会经费系属补助性质,除用于解决居民委员会办公所需的费用外,对实际参加居民委员会工作的居民委员中,有些人因参加会议或其他工作而影响了他们的生产,以致生活发生困难,应该根据他们工作的繁简,耽误他们生产时间的多少,生活困难程度的大小等情况予以适当补助,但不应作为定期工资或津贴费发给。

(二)居民委员会的公杂费,主要用于居民委员会工作上所需的灯油、纸张、文具等开支,一般地以平均每个居民委员会每年不超过30元为限。

(三)居民委员会委员的生活补助费,由镇人民委员会定期评发。评发的方式,一般地可以由居民委员会全体委员进行民主评议,报镇人民委员会审查批准。

(四)居民委员会委员的生活补助费,在补助生活困难有剩余的时候,其剩余部分可以用作奖励经费,对工作中有成绩的积极分子给予适当的物资奖励,以鼓励他们的工作积极性。

(五)聚居5000人口以上并已设立居民委员会的城镇,一律开支居民委员会经费,1957年的居民委员会经费,各县按照省财政厅已经下达的指标数字包干使用,省不再追加。从1958年开始,由省按照规定标准列入各县地方财政预算。此项经费在"行政管理费支出""其他人员经费"项下报销。

【选自《江西政报》第 17 期 1957 年 9 月 16 日】

杭州市上城区岳王街办东坡居民区
整顿粮食统销试点工作情况

（一）基本情况

东坡居民区共有 9 个小组，计 443 户，1932 人（大口 1280 人，小口 652 人）每月总定量为 43698 斤，平均每人每月定量水平为 22.60 斤，居民中 70％是职工家属，工商户连小商贩约占 30％。一般经济条件不算差，因此在用粮上比较宽裕，平时一部分经济情况较差，用粮较紧的居民习惯将糖果、油票交换粮票，同时发现用白米（饭）喂鸡鸭的浪费现象也不少。

在调剂工作方面私人之间相互调剂的比较多，而居民区的组织力量较弱，通过集体的调剂而获量少。过去一般情况只有 10％的余缺调剂户，每月余缺调剂后，上交余粮约 20 多斤。

（二）□□□□

这次节约粮食工作是在区委和区人委统一领导下，由街办具体指导及居民干部协助，通过动员报告后，录取分组讨论，重点制订节约计划的方法进行的，自 9 月 23 日开始。原准备在岳王街办辖区选择下兴忠巷、团子巷两个居民区作试点，后由于情况的变化，另行选择东坡居民区为重点，因而在准备上绕了几个弯，延至 26 日才具体进行试点工作。在开始时由于思想准备工作不充分，群众中顾虑仍未解除，有些余粮户订的节约计划比过去调剂数还要少，因此再经过研究，由过去一般性工作方法转向过去余粮多这次计划订得少的户头，分析他们所以产生这些情况的原因，以登门访问的方式较深入地摸了一下思想底细，准备打开缺口，摸索经验并先从干部着手，推及群众。可是由于掌握余缺历史资料不全面、不具体，因此思想的底虽然摸了，而要求仍没有改变。其中只有刘湘琴一户初步解除了思想问题，由开始订 2 斤增加到 12 斤，而干部俞福蓉等人的思想是揭开了，但实际问题仍未解决。在这次工作过程中，由于缺乏经验，对研究具体工作的计划性很差，没有较充分的准备，因而时间拖延，没有达到预期的效果。但所得到的好处，捞到了不少思想反映，到 10 月、11 月为止，整个工作已告一段落。

（三）工作收获

通过这次节约运动宣传教育收获很大,广大居民受到教育以后,亲身回忆对比,都说了心里话,并对过去浪费等行为进行了批判,从而树立了珍惜粮食、重视节约的风气。具体表现在:

1.节约面扩大了,发掘的余粮户数显著增加,根据过去调剂资料,全区余粮的只有30户,这次订出计划节约有余的共有116户,增加了近3倍。如第四组之原来只有4户,余粮25斤,通过动员说理提高认识增加为21户,余粮68斤。又如8组过去只有一户余粮10斤,缺粮5户,而这次订计划有余粮的16户,计29.5斤,个别缺粮户一致表示愿意努力节约不再向国家要求补贴了。

2.平衡户变了余粮户,过去平衡户中有30%变了余粮户,他们受到教育后,认识到节约粮食的重大意义。一致表示要有计划地用粮,争取有余粮,如一组周阿凤一人定量25斤过去"急巴巴",这次她还节约一斤,还说"全国6亿人每人每月节约一斤粮,就有6亿多斤,如果全年计算的话,这笔数字更大了。"又如7组汪素青,全家三口定量81斤,这次定计划节约4斤,9组郭昌顺全家三口,三组侯权生一家六口等,他们都订了每人节约1斤粮食的计划,根据全区现有资料已有30%的平衡户,订了节约计划,成了余粮户。

3.缺粮范围缩小,数量也减少了。全区有29户缺粮342斤,现在只有23户,缺粮235斤,如七组孙巧琴说:"只有毛主席才真正关心我们的生活,统购统销后粮价一直平稳,生活也安定,想想抗日辰光为了买五斤米,遭到武警的毒打,我一定要设法节约由缺粮变余粮",这次她主动订了2斤节约数。三组杨庆福一家三口每月要缺9斤,陈妮琴一家6口平时用粮要相差3天光景,青年孟杰昌过去25斤定量不够吃,9组赵福盛、贺世昌两户过去到月底老是接不上,这次听了报告都认为人家节约了再调剂给我们,而我们老是不够吃,今后一定要自己想办法,做到按定量计划用粮,争取不缺。

（四）经验教训

这次工作我们认为收获是大的,影响是好的,但由于我们事先准备不充分,发挥组织力量不够,思想动员不透彻,因此也发生了不少问题,吸取了不少教训。

1.粮食是宝中之宝,与人民生活关系密切,牵涉面极广,要做好这工作,要求按户订节约用粮计划,必须做好几个工作:要有充分的组织准备,尽可能运用居民干部力量推动群众。这次开始时我们对组织工作做得不够,只有以街办主任为主,加上2个居民主任和2个具体业务干部,组成为一个工作组,而没有运用更多的居干力量,有组织有领导地开展工作。因此工作步调不够统一,也由于没有很好地依靠居干,所以工作很单调,同时也影响了工作进度的缓慢。

2. 群众性的动员必须结合思想摸底,尤其是干部的底。如第四组所以能够由3个节约户25斤,扩大为21户68斤,主要是干部深入分户动员帮助订计划。相反的如6组刘湘琴过去总要调出10～15斤,而这次只订了2斤,经过二次动员只增加为5斤,后来反复说清道理讲明政策,才增至12斤。她的主要顾虑是怕今后不够吃,订了计划无法变通。二组干部俞织芳过去有10～15斤可调出,而这次只订了6斤,他的打算一则防客人来,二则可作糖、油票互换私人调剂。这说明粮食问题的复杂与打通思想顾虑的确是很不容易的事。

3. 掌握以往的余缺调剂资料是这次搞节约工作的重要依据,如不掌握这点就会带来很大的盲目性。如九组居干郑善纯据了解有15～20斤可有余而她订了6斤,认为差数过大,经上门访问了解,查对细账,才知道他一户只有四口人105斤定量,一般的不可能有更多的数量调剂,由于供应站与调剂小组的资料不准确、不具体使我们在工作上增加了困难。

4. 思想动员成熟后行动要快、"趁热打铁",根据岳王的其他几个居民区(如下兴忠巷、思鑫坊等)动员讨论后,立即行动,因此步调齐、见效快。而东坡居民区由于中途停停续续,干部松劲,群众不动,工作上费力较大。

5. 节约计划,最好余缺都订。如光指明要余粮户订,就会增加了他们的顾虑,如余粮户都制定计划,还可以掌握整个区的基本情况,为今后调剂工作提供依据,但对余缺户订计划的具体要求不同,必须解释清楚,以免引起误会。

6. 在了解干部思想中还必须注意他们互相间的关系和干群之间相互印象的好坏,这对工作进行也很要紧,我们这次工作他们之间的隔阂,在事前未了解,工作上也带来了很大被动。

7. 我们认为要使这一工作达到要求,必须首先把宣传教育工作做好,家喻户晓、深入人心。我们这次工作由于宣传广度虽然较大,但教育深度不透,因而反映在工作效果上,节约可余的户数比过去扩大了三倍,而据节余数量的统计,现在116户中只有356斤,9月份30多户就有364斤,数量缩小虽有一部分客观原因,但说明节约潜力还挖掘得不够,部分群众的思想顾虑还没有打通,这是目前工作上存在的问题。

杭州市上城区人民委员会

1957年10月

【由杭州市上城区档案馆提供】

杭州市上城区人民委员会关于各居民区粮食调剂小组保留的作废粮票处理意见的通知

上人委〔1957〕字第 349 号

各街道办事处、各粮食供应站:

自 9 月 30 日市粮食局杭粮 57 号经字第 1546 号公告规定作废临时流动及第三季度随证等粮票以后,部分居民区的粮食调剂小组提出关于以前留存在调剂小组的有关作废粮票的处理问题,经我们研究统一作如下处理,希各街办及粮站应认真做好解释工作。

(一)留存在各粮食调剂小组的旧粮票应一律上交有关粮食供应站,并详细记录作为节约国家粮食的具体成绩上报区粮食科。

(二)积极开展粮食余缺的调剂工作。本月开始要提早做好余粮动员工作,以积累解决缺粮困难的调剂力量。为此各街办应加强对粮食调剂小组的领导,并责成各粮站加强各调剂小组的辅导督促工作。

(三)由于留存在调剂小组的旧粮票全部作废上交后可能引起少数居民区调剂工作周转困难的,可向有关粮站暂先领取机动粮票若干斤。(数量须适当掌握)机动掌握使用。

(四)个别居民干部尚有思想顾虑的应由有关街办和粮站做好解释工作,说明粮票上交就是节约国家粮食的具体表现。原则上在区内调剂有余要按月上交街办或经粮食部门作统一调剂平衡,过去因调剂小组的要求而将上月粮票留到下月作机动的,按季亦须清理一次。我们应从积极开展余粮调剂工作方向着手,个别有困难的仍可暂领机动粮票解决。

杭州市上城区人民委员会

1957 年 10 月 3 日

【由杭州市上城区档案馆提供】

杭州市上城区人民委员会关于填报"居民区从事无组织行业的劳动力调查表"的通知

上人委〔1957〕字第 354 号

各街道办事处：

根据整顿城镇粮食统筹工作的要求,对居民中参加无组织体力劳动的工种定量和所占人数应同时摸清情况,统一研究,进行整顿。为了防止居民中因认识不明确而引起思想波动,除已重点进行对工种定量的摸底工作外,现下发"居民区从事无组织行业的劳动调查表"一种,希望布置所辖各居委会认真调查按居民区汇总于本月 9 日前上报。(由街办集中送粮食科)

各街办在布置填表工作时,只要说明这次调查是为了劳动力资料的需要,避免涉及粮食问题,填报材料要求真实可靠,并注意以下几个问题：

1. 表列各种行业系指没有参加组织,但又是比较长期、固定,并经常以此为主要生活来源者；

2. 凡农村盲目流入城市人口,或非常住户口者,一律不予统计；

3. 表上没有的种类,不需填报。

杭州市上城区人民委员会

1957 年 10 月 7 日

【由杭州市上城区档案馆提供】

江西省人民委员会批转省民政厅《关于城镇居民委员会的组织设置等问题的意见的报告》的通知

现将省民政厅 1957 年 9 月 9 日厅民民自〔1957〕字第 37 号关于城镇居民委员会的组织设置等问题的意见的报告批转给你们,希研究执行。

附:民政厅关于城镇居民委员会的组织设置等问题的意见的报告。

1957 年 10 月 7 日

江西省民政厅关于城镇居民委员会的组织设置等问题的意见的报告

江西省人民委员会:

遵照 1956 年省编制方案:"五千人口以上的镇,可设若干居民委员会"的规定,我省很多五千人口以上的城镇,都先后成立了居民委员会。鉴于城镇的街道组织,必须有一个统一的形式,以免各自为政,名称混乱不统一,而我省五千人口以上的镇,一般都在一千户以上,拥有一定数量的工商业和手工业,为农村政治、经济、文化的中心,街道工作比较繁忙,有设立居民委员会的必要,如果这些城镇不设居民委员会,只设居民小组,组数太多,领导不便。一年来,各地居民委员会协助政府做了很多工作,已经成为政府在城镇街道居民工作上的有力助手;1957 年召开的两次镇长会议上,镇长们一致认为在五千人口以上的镇设立居民委员会是适合当前城镇工作需要的。因此,全省聚居五千人口以上的城镇,应当统一设立居民委员会组织;不足五千人口的镇,不设居民委员会,设立居民小组。现特对城镇居民委员会的组织设置和城镇居民委员会工作问题,提出下列意见:

一、城镇居民委员会的组织设置

(一)城镇居民委员会一般地以 200 户至 500 户居民为范围,居民委员会下设的居民小组,一般地应以 15 户至 35 户居民组成为宜。

(二)城镇公私合营企业、手工业、农业社的社员,应当参加与他们有关的居民活动。居民集中而户数较少的小型职工家属委员会的职工家属,可以单独设立居民小组,划归附近居民委员会领导,或者由小型家属委会兼任居民小组的工作。分散居住的职工家属,应当编入当地居民小组,履行居民的义务。

(三)县人民委员会所属工作部门和其他机关,如果必须向城镇居民委员会布置任务时,须经镇人民委员会同意,统一布置。上述各机关,不得直接向居民委员会布置工作。

(四)城镇居民委员会办理公共福利事项所需的费用,除按照《城市居民委员会组织条例》第十条的规定办理外,并须经镇人民委员会审查同意后,报县人民委员会批准。

(五)城镇管辖的农村不设居民委员会,可以设立居民小组,在选区主任的领导下进行工作。县人民委员会在审核所辖城镇设立居民委员会的时候,不得将由城镇管辖的农村人口计算在城镇人口之内;但应包括居住城镇的农业人口。

(六)城镇居民委员会的设置或撤销,由镇人民委员会提出意见,经县人民委员会审查批准,报省民政厅备案(鹰潭镇由专署批准,报省民政厅备案)。

二、城镇居民委员会工作的指导问题

我省城镇居民委员会刚成立不久,缺乏工作经验,镇如何对居民委员会进行指导,还是一项新的工作,根据我省当前城镇居民委员会工作中存在的问题和城市街道工作的情况,我们认为:镇人民委员会在指导居民委员会进行工作的时候,应当注意下面几个问题:

(一)镇人民委员会的全体工作人员,必须明确认识居民委员会的性质,城镇居民委员会是居民群众自己组织起来,自己管理自己的事情,互相帮助,共同做好公共福利工作的组织;它不是镇下面的基层政权机关或派出机关。

(二)城镇居民委员会的工作,应由镇人民委员会权衡轻重缓急,统一安排布置,最好在一个时期内(一个月或者一个季度)由镇人民委员会召开会议,请有关部门提出对居民工作的要求,共同商量确定哪些工作应当先办,哪些工作可以缓办,哪些工作应该布置下去,哪些工作不必布置下去,订出工作计划,发给各居民委员会。每次布置的任务,不宜过多,本部门可以直接进行的工作,一般都应该由本部门直接去进行。

(三)镇的干部必须经常深入居民委员会进行具体指导。《城市居民委员会组织条例》规定的五项任务以外的行政工作,镇应指派干部亲自处理,不得擅自增加居民委员会的任务,镇人民委员会,一般应当指定专职干部,根据居民委员会的分布情况分工联系;每个干部可以固定联系几个居民委员会,把主要时间,用在深入里弄进行了解情况和具体帮助的工作上。

(四)镇人民委员会应当经常培养教育积极分子,注意防止"光使用,不教育"的偏向,在工作上要具体交代工作方法,虚心听取他们对工作的意见,帮助居民委员会建立集体领导的工作制度,不要使他们兼职过多,工作负担过重。在思想上要经常了解他们的思想情况,及时解除他们的思想顾虑。在生活上要关心他们的生活疾苦,认真做好居民委员会委员生活补助费的评发工作,对具备享受社会救济条件的贫困户,还应当给予和一般居民同样的社会救济。

以上报告当否,请批示。

江西省民政厅

1957 年 9 月 9 日

【选自《江西政报》第 18 期】

杭州市上城区关于执行合并街道办事处、公安派出所工作计划①

一、目的要求

根据市人委指示精神,为了适应客观形势的变化,和进一步贯彻精简机构,充实基层的精神,必须对街道辖区作适当的调整。同时,鉴于经过几年的实践,街道工作已积累了一些经验,社会治安日益巩固,居民组织亦日益健全,已具备了合并的条件。为此,决定将现有的街道办事处、公安派出所作适当的合并,扩大其管辖区域,以加强领导骨干,充实干部力量,使之可能根据既便于领导,又便利群众的原则进一步合理分工,健全制度,建立起正常的工作秩序,有效地加强调查研究,改进工作方法,密切联系群众,进一步发挥街道工作应有的积极作用。

二、合并方案

已经合并的岳王路、青年路两个街道辖区不再变动。其余的 12 个街道辖区,根据地形和人口的分布状况,以不打乱原有居民区为原则,撤销:三昧庵、佑圣观、新宫桥、城隍山、涌金门、皮市巷 6 个街道办事处和公安派出所,合并为城站、金钱巷、河坊街、花牌楼、行宫前、马市街 6 个街道办事处和公安派出所。其辖区范围及户数、人数等附表。为了既便利工作上的联系,又便利于群众,故在合并后街道办事处和派出所仍在一起办公,在现有两所房子中,一所作办公室,一所作为宿舍,个别特殊情况再另作调整。

三、步骤方法

整个工作分三步走,11 月底结束。

(一)准备阶段:(11 月 4 日至 20 日)要做好组织准备,思想准备和物质准备。

---

①   原文标题为《关于执行合并街道办事处、公安派出所工作计划》。

在组织准备方面:首先做好宿舍和办公房屋的分配。有关行政管理部门要于 15 号前提出具体方案,家具用品基本按原来分配使用,根据需要进行个别调整的精神,研究确定办事处和派出所的干警配备。

在思想准备方面:对内部要从党内到党外,从骨干到群众,进行充分的思想教育。首先召开所长、主任会议,贯彻计划,统一认识,明确责任,并分别会同即将合并在一起的处、所,研究提出干警配备、内部分工及房屋安排的具体方案,分别报请区人委和公安分局核准执行。其次通过党团组织进行动员。然后区委召开各处、所全体干警大会,传达计划进行动员,使全体干警明确意义,安定情绪,服从分配,以积极的态度做好合并工作。内部动员成熟后按现有处、所分头向居民小组长以上干部进行宣传(宣传材料另拟)并通过他们的宣传活动,达到家喻户晓,使广大群众了解合并的意义和好处,积极拥护这一措施,以保证工作的顺利进行。

在物质准备方面:首先做好宿舍和办公房屋的分配。有关行政管理部门要于 15 号前提出具体方案,家具用品基本按原来分配使用,根据需要进行个别调整。其次,各处、所做好档案材料的清理工作,特别是撤掉的处、所,必须做好档案移交的准备工作(区人委或分局所发的通知,指示、计划等文件应分别上交区人委或公安分局归档)。

(二)合并阶段:(11 月 21 日至 25 日)要做好以下几方面的工作:

首先,按新的处、所分别召开全体干警会议,强调团结,明确分工,介绍情况,确定具体交接工作如何进行,各处、所房子应一律于 23 日做好,然后各按分工范围,分头具体交接档案材料,和业务情况。25 日宣布正式合并一律按新址办公。需上交的档案材料必须于 23 日以前分别上交。

(三)建设阶段:(11 月 25 日至月底)在这段时间里主要是合并后立即明确处、所的业务分工范围,以便统一安排工作,制定计划;建立党团组织;建立和健全各项制度(如会议制度,学习制度,保卫保密制度,处、所联系制度等)等。30 日将合并情况上报工作组,以便工作组于 12 月 7 日前综合报市。

四、应注意的几个问题

(一)各级领导重视是做好这一工作的重要关键,因此区委、区人委和公安分局领导均须加强领导和督促检查,各街办主任和派出所长更必须充分重视,认真做好这一工作。对主任和所长提出如下要求,应切实做到:

1. 必须对各项工作进行统一安排,定出专门计划,保证做到合并、业务两不误。

2.以身作则,安心工作,并对所属干警,加强政治思想教育工作,保证合并过程中情绪稳定。

3.及时请示报告,合并过程中碰到不好解决的问题,应及时请示,统一解决,不得擅自决定,以免影响整个工作的顺利进行。

(二)全体干警必须安心工作,服从分配,以积极的态度,做到合并、业务两不误,并注意加强同志间和处、所间的团结。

(三)档案材料与业务情况必须以认真负责的态度交接清楚,防止马虎了事的作风和不负责任的态度。

(四)合并初期,某些群众会感到不便,全体干警必须以和蔼的态度耐心地进行解释说服,同时必须主动加强与居民干部的联系,以减少他们由合并带来的某些困难和不便。

(五)妇联分会、业余学校及居民委员会等所有的一切群众组织,一律维持现状,待处、所的工作秩序基本正常后,再逐步由各级领导系统进行整顿。

杭州市上城区人民委员会
1957 年 11 月 12 日

杭州市上城区人民委员会
关于调整街道区划和名称的通知^①

各街道办事处、公安派出所：

前发去《合并街道办事处、公安派出所工作计划》中原定撤销"涌金门"并入"行宫前"。现考虑到该街道合并后办公地点在定安路，故经市人委同意，将"涌金门""行宫前"两街道合并定名为"定安路街道办事处"和"定安路派出所"，特此通知更正。

杭州市上城区人民委员会

1957 年 11 月 16 日

【由杭州市上城区档案馆提供】

---

① 　原文标题为《杭州市上城区人民委员会（通知）》。

杭州市上城区人民委员会关于合并街道办事处、公安派出所执行情况的汇报

我们根据上一次委员会议所通过的合并街道办事处、公安派出所工作计划，进行了合并，已按期完成了任务。

在整个工作过程中，首先参照市公安局提出的合并后派出所管辖区划的建议，根据地形和人口的分布状况，以不打乱原有居民区为原则，确定了新的街道行政区划，就是撤销三昧庵、佑圣观、新宫桥、城隍山、涌金门、行宫前、皮市巷7个街道办事处和公安派出所，合并为城站、金钱巷、河坊街、花牌楼、马市街、定安路6个街道办事处和公安派出所，原来的青年路和岳王路2个街道在今年春天已作为试点，扩大了管辖区域，所以这次保持原状，没有变动。这样合并的结果我们全区共有8个街道，每个街道管辖的户数一般在5000～6000户，人口一般在25000左右。

其次，建立了工作组，在区委、区人委的倡导下具体负责此项工作，工作组成立后，进行了物质准备，在市公安局的协助下，对各街道办事处和公安派出所的办公房屋和宿舍，做了合理安排，既照顾了公安派出所工作上的保密性，也照顾了街道办事处的合理需要，为了便于帮助群众解决夜间发生的问题，每个街道的办公处所都安排了一定的干部住宿。同时，各个办事处和派出所的档案材料也作了清理，撤销机构的档案材料均分别向区人委、公安分局或新的处、所办了移交。

同时，对全体干警进行了思想教育，首先召开了主任、所长会议，传达计划，统一了认识，明确了做法，然后召开了全体干、警大会，由区长做了动员，讲明了意义，提出了要求，全体干、警都表示拥护合并，服从分配，做到工作、合并两不误，所以合并工作得以顺利进行。内部准备成熟后即向广大群众进行了宣传，取得了广大群众的拥护，一切准备成熟后23、24两日搬家，11月25日开始正式按新机构办公。

合并过程中对干部和民警是根据了一般个别调整的原则，一般都是跟居民区走的。

合并以后，从一个月以来的工作来看，是有所改进的，主要是领导力量加

强了,干部分工进一步明确了,有了专职内勤,居民不至于到办事处找不到人,合并以后对于派出所和办事处之间业务上划分不清的问题(如调解纠纷等),我们也作了规定,使处、所之间的关系进一步密切。

　　但由于合并后时间不久,近来又抽出了许多时间进行整风学习,所以工作还没有取得比较成熟的经验,制度还有不够完备的地方,群众也会感到有些不习惯,处、所之间协作配合上也还存在一些问题,这些问题都有待于今后逐步解决。

杭州市上城区人民委员会

1957 年 12 月

【由杭州市上城区档案馆提供】

陕西省人民委员会批转省人民委员会办公厅
《关于在西安市的国家机关和当地居民关系的检查报告》

　　省人民委员会原则上同意省人民委员会办公厅《关于在西安市的国家机关和当地居民关系的检查报告》，现在转发给你们参照执行。

　　国家机关工作人员是人民的勤务员，应该以人民群众的利益为最高利益，兢兢业业地为人民群众服务；而在居住地区，又同样是当地的居民，应该无例外地接受当地政府和有关组织的领导和管理，模范地执行各项政策、法令和制度，尊重居民习惯，积极参加各项群众活动，厉行节约，勤俭持家，为群众作表率。但从报告看，有的单位和有些人员对此还认识不足和重视不够。因此，应该结合整风运动，加强对于工作人员及其家属思想教育，使他们改正以往的缺点，并经常在这方面加以注意。

1957 年 12 月 28 日

陕西省人民委员会办公厅关于
在西安市的国家机关和当地居民关系的检查报告

李秘书长并报省人民委员会：

　　为了改进国家机关和当地居民的关系，九、十月间，曾根据国务院转发国务院秘书厅《关于在京国家机关和当地居民关系的检查报告》的精神，通过商业、工业、粮食等 9 个厅及西安市人民委员会，对在西安市的国家机关和当地居民关系的情况，进行了重点了解。总的看来，国家机关和当地居民的关系基本上是良好的。不少机关工作人员及其家属，能够积极参加当地的居民活动，关心群众生活，遵守当地政府的各项制度，和群众建立了亲密的关系。很多机关历年来组织工作人员在农忙期间帮助附近农民割麦抢收的事例，受到群众赞许；有些家属由于在居民中表现良好，还被选为妇女代表，文化、卫生等委员。特别是今年 7 月间，西安市遭受暴雨灾害，很多国家机关的工作人员（仅据省级机关统计，即有 2000 多名），淋雨冒险，抢救附近居民财物免致损失的行动，至今还被广大居民群众所称道，说"只有共产党领导下的政府和干部，才能这样关心人民的疾苦!"但是,还有部分机关干部及其家属由于近几年来政治思想教育不够,滋长了骄傲情绪和脱离群众的作风,甚至还有侵犯居民群众利益的现象发生。其表现主要有以下几个方面:

一、对当地居民群众不够尊重,甚至侵犯群众利益。一些集中的机关宿舍和家属院,很少积极参加群众活动,对于居民会议,经当地居民委员会一再催请,仍不参加;少数工作人员甚至阻拦自己的家属参加居民会议和其他群众性活动。商业厅干部家属院近20户人,当地开会,仅去一个组长,有时连组长也不去;对于扫盲学习,也不积极参加,说什么"过去没学文化现在也一样活着!"由于这些家属很少参加群众活动,对时事政策的了解,比一般市民还落后。有些机关工作人员及其家属,对当地基层干部和积极分子讥笑蔑视,甚至蛮横无理,住在南柳巷新华书店宿舍的干部,在今年7月暴雨期间,该巷基层干部陈桂芬动员他们协助街巷其他院落抢险排水时,他们借口要办公,不但不去协助,反向基层干部说:"陈桂芬,连你的骨头毛我都认识,家庭妇女嘛,能咋!"影响很坏。工业厅某工程师的爱人经常和居民吵嘴打架,当地居民委员会调解时,不但不听劝解,反蛮横地说:"你们没有资格管我!"

侵犯群众利益的事情也不少。新城区幸福农业社在联志村村北种的谷子,今秋被郑州铁路管理局西安分局的职工家属偷摘、偷割约有6亩,并任意践踏农作物,在棉田用成熟的棉花作"手纸",群众意见很大。省交通学校去年打围墙取土,未经当地群众许可,就在农民地里挖了一丈宽、二尺深、十丈长的一条沟,至今未填平,影响农民耕种。在拆迁民房方面,根据西安市人民委员会的初步统计由1950年至1956年上半年因征用土地拆除的民房20263间(重建起来的约有11000间)。部分单位在拆除民房中,对居民群众安置不当,有的被安置在低凹地区,遇秋季雨涝季节,这些居民群众的财物就遭受损失。违法购、租民房撵客搬家的事情也很严重。据西安市人民委员会不完全统计,解放以来,国家机关租赁的民房约有15000间,购买的民房约有20000间。其中由于少数机关违法高价购、租民房,影响了一些市民居住的安定,担心被机关挤走。一些租赁民房的单位,不经房主同意,擅自改建、拆除所租用的民房和动用房主财物。省药材公司租赁东关南大街十数间房屋,任意拆除改修;肉业公司随便砍伐所租西关正街30号民房院内的果树,房主要求赔偿,他们却说:"什么时候不住你的房,再赔你的树!"

二、不认真执行政策法令和当地的各项制度。几年来,一些基建单位违反政府规定,随意铲毁征用土地内庄稼的现象迭次发生,也相当严重。仅据

1957年3月至5月国家测绘总局西安修建办公室、西安电业局电网管理所等12个单位统计,铲毁、碾毁、踏毁的庄稼即达343272亩,以西安地区今年每亩平均产量250斤计算,损失粮食85818斤。其中国家测绘总局西安修建办公室所铲毁96.3亩庄稼中,有即将成熟的48.88亩麦子,当他们铲毁这些麦子的时候,农民目睹泪下,极为愤懑地说:"麦子眼看就要吃到口里,公家忍心把麦子铲了,公家还吃不吃粮?"西安电业局电网管理所,架设经由西安、长安到鄠县的高压线时,在运料、立架等工作中,碾毁、踏毁的庄稼达139.4亩,在他们碾踏庄稼施工过程中,农民嚎哭阻挡,影响极坏。在户口管理方面,很多机关宿舍来人不报,去人不销,至于家属、亲戚来省以及招聘保姆,长期不报户口的更为普遍。爱国卫生运动方面,居民群众意见最多,不少机关和宿舍的卫生工作很差,经常不扫街,不按时处理垃圾;家属院的卫生状况也多落后于群众,当地居民群众虽一再提出意见,但改进很少,有些家属对当地检查卫生的人员,表现很不耐烦,甚至无理地说:只有干部每天给他们料理家务、看娃娃,才能做到卫生。

三、有些单位的浪费现象,引起了居民群众对国家机关的不满。商业厅所属商业职工医院常把剩馍掷向隔壁街巷,街道小孩看见又拣来吃;省油脂公司的垃圾箱中倒有剩面、馍块,被群众检举出来。据群众反映,一次从灞桥电厂厕所拾回完整的蒸馍有15个。征用土地宽打不用的情况也很多,西安动力学院在基建时多征用土地110亩。另外还占用约40亩地的6个果园,雇人经营。群众不满地说:"他们把地征了不用,我们却没地耕种,"又说:"这不是动力学院,是果木院。"西北木材公司仓库,在1955年冬征用了50多亩土地,至今还有8亩未使用,雇人种了菜。此外,少数机关长期租用旅馆,房租浩大,使用率很低,同时还增加了旅馆供应上的紧张。这些情况,不只严重地浪费了国家资财,而且导致了居民群众对国家的不满。

从以上情况可以看出,一此国家机关和当地居民群众的关系是不够十分密切的,产生这些问题的主要原因是,部分机关工作人员滋长了骄傲情绪和特权思想。他们觉得自己是领导机关的"人员",对群众的批评和意见,可以置若罔闻,对于当地政府的各项规定,可以不加理睬。但是,他们却忘记了国家机关工作人员,同时也是一个普通的公民,应该模范地遵守政府的各项规定和接受当地群众的批评与监督。并且这种特权思想,也多少沾染到家属的身上,在遵守各项规定上,家属就表现得与群众不同。另外,很多机关行政领导,平常很少对工作人员及其家属进行这方面的思想教育,也很少主动与当地政府和居民群众保持经常的联系。

为了改进国家机关和群众的关系,提出如下意见:

一、机关的领导人员,必须把加强与居民群众的联系,认真遵守当地政府政策法令的教育,列入政治思想工作的日程,教育工作人员经常关心群众的疾苦,并且给地方工作以积极的帮助和支持。要使所有工作人员明确认识,任何机关工作人员,一方面应当是全心全意为人民服务的勤务员,另一方面又都是普通的公民。因此,在各方面均应考虑群众的利益和在群众中的影响。

二、各机关应当指定善于联系群众、作风好的干部,经常与机关、宿舍驻地的街道办事处、派出所、居民委员会取得联系,征求并处理他们对机关及其工作人员和家属的批评和意见;对于那些违反政策规定、侵犯群众利益的现象,应当及时反映领导,认真处理;对于那些好的人员,应当予以表扬。

三、在每年春节前后,各机关应当结合拥军优属、拥政爱民工作,邀请机关驻地街道办事处、派出所、居民委员会的干部和居民群众,举行座谈,听取他们的批评和意见。还可以通过联欢、访问等方式,加强与群众的联系。

四、必须坚决贯彻执行省人民委员会 1957 年 4 月 8 日"关于防止、纠正国家建设中浪费土地和任意铲毁庄稼的指示"。有关部门在进行这方面的批审时,必须精打细算,缜密审查,严防浪费土地和任意铲毁庄稼的事情继续发生,并且对于那些任意铲毁庄稼的单位和负有主要责任的人员,按其情节认真严肃地加以处理。

五、严禁违法购、租民房。今后除事业、国营、地方国营企业单位及公私合营企业(共负盈亏)、合作社(组)等,在本单位已租用的房地产房主出卖后,搬迁确有困难,或者所租用房地产垫付的修缮费或典入房地产的产价接近或超过所租、典房地产的,经主客双方同意买卖的,可以考虑准其购买外,其他各机关、人民团体(国家财政供给的)、部队、学校等,一律不得购买民房。在租赁方面,应当严加审核,其租赁合同必须经过当地政府房地产管理部门审批。另外,在征地拆迁民房方面,今后除应尽量控制少拆外,并且在安置居民住房和地区上,应当尽可能予以照顾。

以上意见,如认为可行,请批转各部门研究执行。

1957 年 11 月

【选自《陕西省人民政府公报》1957 年第 20 期】